KÖNIGS ERLÄUTERUNGEN

Band 435



Textanalyse und Interpretation zu

**Joseph Roth**

# HIOB

## Roman eines einfachen Mannes

Martin Lowsky

Alle erforderlichen Infos für Abitur, Matura, Klausur und Referat
plus Musteraufgaben mit Lösungsansätzen

Bange Verlag

**Zitierte Ausgabe:**
Roth, Joseph: *Hiob. Roman eines einfachen Mannes*. Husum/Nordsee: Hamburger Lesehefte Verlag, 2010 (Hamburger Leseheft Nr. 225)

**Über den Autor dieser Erläuterung:**
Dr. Martin Lowsky, Studium der Romanistik, Mathematik und Vergleichenden Literaturwissenschaft in Tübingen und Heidelberg, Promotion 1975. Abhandlungen, auch Bücher, zur deutschen und französischen Literatur (Bloch, Fontane, May, Arno Schmidt, Storm, Valéry, Voltaire) und zur Pädagogik (Erich Fromm). Redaktionstätigkeit für das *Jahrbuch der Karl-May-Gesellschaft* (Hansa Verlag Husum) und die *Forschungen zu Paul Valéry/Recherches Valéryennes* (Universität Kiel). Unterricht an einem Gymnasium in Kiel.
In der Reihe ‚Königs Erläuterungen' sind von Martin Lowsky zuletzt erschienen:
Erläuterungen zu *Theodor Fontane: Irrungen, Wirrungen* (erweiterte Fassung 2011),
Erläuterungen zu *Theodor Storm: Der Schimmelreiter* (erweiterte Fassung 2011).



1. Auflage 2013
**ISBN: 978-3-8044-2000-7**
PDF: 978-3-8044-6000-3, EPUB: 978-3-8044-7000-2

Titelbild: Jüdische Einwanderer © ullstein bild – Archiv Gerstenberg
Druck und Weiterverarbeitung: Tiskárna Akcent, Vimperk

# 1. DAS WICHTIGSTE AUF EINEN BLICK – SCHNELLÜBERSICHT

Damit sich jeder Leser in unserem Band rasch zurechtfindet, bieten wir hier eine Übersicht.

Im 2. Kapitel beschreiben wir **Joseph Roths Leben** und den **zeitgeschichtlichen Hintergrund:**

⇨ S. 10 ff.

→ Joseph Roth lebte **von 1894 bis 1939**; er stammte aus Brody (Ostgalizien, damals Teil von Österreich-Ungarn, heute Teil der Ukraine). Er arbeitete als Journalist und Schriftsteller **in Berlin**, ab 1933 im Exil **in Paris.**

⇨ S. 13 ff.

→ Die 1920er Jahre waren eine **Blüte des geistigen Lebens.** 1929, als Roth an *Hiob* schrieb, geschah der Börsenkrach in New York und damit der Beginn der großen Arbeitslosigkeit.

⇨ S. 16 f.

→ Der Roman *Hiob* ist **1930 erschienen.** Vorher hat Roth vor allem Reportagen und sozialkritische Artikel verfasst.

Im 3. Kapitel bieten wir eine Textanalyse und -interpretation.

**_Hiob_ – Entstehung und Quellen:**

⇨ S. 18 f.

Ab Winter 1928/29 hat Joseph Roth an *Hiob* gearbeitet. Mit dem biblischen Thema ‚Hiob' hoffte er, ein erfolgreiches Werk zu schreiben; er litt unter Geldnot. Auch arbeitete er mit diesem Werk seine jüdische Vergangenheit auf.

**Inhalt:**

⇨ S. 20 ff.

Hauptperson ist Mendel Singer, ein frommer Jude, der in Wolhynien lebt. In seine Familie wird als viertes Kind der Behinderte Menuchim hineingeboren.

Einer der Söhne und dann die Familie wandern nach Amerika aus. Mendel treffen schwere Schicksalsschläge: der Tod eines Sohnes und seiner Frau, der Wahnsinn seiner Tochter. Mendel sagt sich von Gott los.

Am Ende erlebt Mendel ein großes Glück: Menuchim, einstmals zurückgelassen und inzwischen von seiner Behinderung geheilt und ein bekannter Musiker geworden, erscheint und kümmert sich nun um seinen geliebten Vater.

## Chronologie und Schauplätze:

*Hiob* spielt **von 1894 bis 1919.** Handlungsorte sind **Zuchnow, ein erfundenes Dorf in Wolhynien (Kapitel 1–9),** damals Teil des Russischen Reiches, heute der Ukraine, und ab 1909 **New York (Kapitel 10–16).** ⇨ S. 33 ff.

## Die Personen:

Die Hauptpersonen sind

**Mendel Singer:** ⇨ S. 43 ff.

- frommer Jude, Lehrer, zu Beginn 30 Jahre alt,
- intellektueller Typ,
- mit tiefem Vertrauen zu Gott, bis ihn die schweren Schicksalsschläge treffen,

**Deborah Singer, seine Frau:** ⇨ S. 46 ff.

- tatkräftig, kämpferisch,
- mit dem Blick für das im Alltag Notwendige,
- seelisch überfordert bei den großen Schicksalsschlägen: Zusammenbruch, Tod,

➪ S. 48 ff.

**ihre Kinder Jonas, Schemarjah (später genannt Sam), Mirjam brechen aus der jüdischen Welt aus:**

→ Mirjam sucht sich Liebhaber,
→ Jonas wird Soldat,
→ Schemarjah wird in Amerika Geschäftsmann („Sam"),

**Menuchim, der Jüngste,**

→ wird als Behinderter geboren,
→ ist am Schluss ein bekannter Musiker.

**Sachliche Erläuterungen:**

➪ S. 51 ff.

Wir nennen die Schlüsselbegriffe des Romans, die der jüdischen Welt entstammen; u. a.

→ Wunderrabbi,
→ Gebetriemen,
→ das Buch *Hiob* des Alten Testaments,
→ die jiddische Sprache.

**Stil und Sprache:**

➪ S. 62 ff.

→ Roth erzählt sachlich: Sein Erzählen ist ein Dokumentieren.
→ Häufiger Perspektivenwechsel sorgt für Spannung.
→ Roth benutzt Stilfiguren, wobei er die Adjektive kunstvoll einsetzt.
→ Roth arbeitet intertextuell: Er lässt sich von literarischen Werken beeinflussen, etwa vom biblischen Buch *Hiob*.
→ Seine Sprache ist musikalisch.

**Interpretationsansätze:**

Wir betrachten Roths *Hiob* als ⇨ S. 79 ff.

→ einen jüdischen Roman,

→ einen Familienroman,

→ ein modernes Märchen

und entdecken dabei

→ die künstlerische Ganzheitlichkeit dieses Werkes.

Joseph Roth
1894–1939
© ullstein bild – Granger Collection

# 2. JOSEPH ROTH: LEBEN UND WERK

## 2.1 Biografie

| JAHR | ORT | EREIGNIS | ALTER |
|---|---|---|---|
| **1894** | Brody in Ostgalizien (Österreich-Ungarn, heute Ukraine) | Moses Joseph Roth wird am 2. September geboren. Die Eltern, beide jüdisch, sind Miriam Roth, geb. Grübel, und Nachum Roth. Nachum, ein wohlhabender Getreidehändler, stirbt in einer Heilanstalt (1910), Roth lernt ihn nie kennen. | |
| **1913** | Lemberg (Ostgalizien), heute Lwiw (Ukraine) | Nach dem Abitur Student | 19 |
| **1914** | Wien | Beginn des Germanistik-Studiums | 20 |
| **1916** | Galizien | Militärdienst im Ersten Weltkrieg (bis 1918). Roth veröffentlicht Gedichte und Feuilletons in der Wiener Presse; ab 1917 auch im ‚Prager Tagblatt'. | 22 |
| **1919** | Wien | Über 100 Beiträge für die linksstehende Zeitung ‚Der Neue Tag' | 25 |
| **1920** | Ostpreußen | Roth liefert der ‚Neuen Berliner Zeitung' Berichte vom Polnisch-Sowjetischen Krieg. | 26 |
| | Berlin | Roth schreibt für weitere Berliner Zeitungen. In der Folgezeit wird er Mitarbeiter der Wiener ‚Abendzeitung' und des ‚Vorwärts'. In den nächsten Jahren zahlreiche Reisen nach Wien. | |
| | Wien | Aufgrund seiner gesellschaftskritischen Artikel gilt er als sozialistischer Schriftsteller. | |
| **1922** | Berlin | Am 5. März heiratet Roth Friederike (Friedl) Reichler aus Wien. | 28 |

| JAHR | ORT | EREIGNIS | ALTER |
|---|---|---|---|
| **1924** | Berlin, Galizien | Der Roman *Hotel Savoy*, Roths erstes Buch, erscheint. Roth reist in seine Heimat. | 30 |
| **1925** | Paris, Avignon, Marseille | Feuilletonkorrespondent der berühmten ‚Frankfurter Zeitung' | 31 |
| **1926** | Leningrad (früher und heute wieder St. Petersburg), Moskau, Kaukasus | Russland-Reise; Reportagen darüber in der ‚Frankfurter Zeitung'. In den folgenden Jahren Reportage-Reisen durch Deutschland, Albanien, Polen, Italien, Frankreich. | 32 |
| **1928** | Berlin | Roths Frau Friedl erkrankt psychisch; man wird bei ihr Paranoia und Schizophrenie feststellen. Ab September 1929 lebt sie in Pflegeanstalten, zuletzt in Mauer-Öhling bei Amstetten (Österreich). Im Juli 1940 wird sie von den Nazis ermordet (im verbrecherischen ‚Euthanasie'-Programm). | 34 |
| **1930** | Berlin | Der Roman ***Hiob* erscheint** (Oktober). | 36 |
| **1932** | Berlin | Der Roman *Radetzkymarsch* erscheint. | 38 |
| **1933** | Paris | Seit dem 31. Januar, dem Tag nach der Machtergreifung der NSDAP, lebt Roth im Exil. In der folgenden Zeit Aufenthalte in Südfrankreich, Holland und Polen. | 39 |
| **1937** | Amsterdam | Der Roman *Das falsche Gewicht* erscheint. Enge Beziehung mit der Schriftstellerin Irmgard Keun. | 43 |
| **1938** | Wien | Kurze Reise im Februar: vergeblicher Versuch, Politiker zu gewinnen für die Idee einer neuen Monarchie Österreich, als Gegenmacht zu Nazi-Deutschland. (Im März sind Hitler und deutsche Soldaten in Wien; Österreich wird Deutschland im sog. ‚Anschluss' einverleibt.) | 44 |

| JAHR | ORT | EREIGNIS | ALTER |
| --- | --- | --- | --- |
| 1939 | Paris | Joseph Roth, in Armut und dem Alkohol verfallen, stirbt in seinem 45. Lebensjahr am 27. Mai im Hôpital Necker an einer doppelseitigen Lungenentzündung. Bei seiner Beerdigung sind Kommunisten wie Egon Erwin Kisch, der ‚rasende Reporter', aber auch Vertreter des österreichischen Adels anwesend. | 44 |

## 2.2 Zeitgeschichtlicher Hintergrund

ZUSAMMEN-FASSUNG

- → 1929, als Roth an *Hiob* arbeitet, geschieht der Börsenkrach in New York. In Deutschland herrscht ab jetzt wirtschaftliche Unsicherheit mit vielen Arbeitslosen.
- → Der Antisemitismus breitet sich aus, die Nazi-Partei hat Zulauf.
- → Die 1920er Jahre waren eine Blüte des kulturellen Lebens: Der Expressionismus und die Medien Film und Fotografie wurden bedeutend.

Börsenkrach in New York 1929

Die Jahre um 1929, in denen Roth an seinem Roman *Hiob* arbeitete, waren eine Zeit politischer und wirtschaftlicher Unsicherheit in der sogenannten Weimarer Republik. Seit dem Jahr der Inflation (1923) hatte sich der Lebensstandard erhöht, doch 1929 geschah der Börsenkrach in New York. Ende 1929 gab es bereits 2,3 Millionen Arbeitslose in Deutschland (bei 65 Mio. Einwohnern), und die Zahl verdoppelte sich im folgenden Jahr. Die Rechtsradikalen fanden Zulauf; 1933 sollten Hitler und die NSDAP die Wahlen gewinnen.

Antisemitismus

Nach dem Ersten Weltkrieg (1914–1918) hatten der deutsche Kaiser und der Herrscher von Österreich-Ungarn (der österreichische Kaiser) abgedankt, doch die Hoffnung auf ein friedliches Zusammenleben der europäischen Nationen erfüllte sich nicht. Walther Rathenau, der deutsche Außenminister jüdischer Herkunft, der eine Politik der Versöhnung mit den alten Kriegsgegnern verfolgt hatte, wurde 1922 ermordet. Es war eine Tat von Antisemiten. Auch im täglichen Leben trat der Antisemitismus zutage. „Juden unerwünscht" war die Devise mancher Urlaubsorte.

Österreich-Ungarn und die Juden

Der Vielvölkerstaat Österreich-Ungarn, achtmal so groß wie das heutige Österreich und 1919 untergegangen, war vielen als Vorbild im Gedächtnis. Es war ein multikulturelles Reich gewesen, das verschiedene Religionen und Sprachen in sich vereinigt und im 19. Jahrhundert den Juden die politische Gleichstellung gebracht hatte. Im Alltag und auch im Umgang mit Behörden jedoch hatten die Juden, vor allen die armen Juden Galiziens, unter Vorurteilen zu leiden gehabt. Doch die Pogrome (Judenverfolgungen) von 1881, die auf russischem Gebiet, jenseits der Grenze nicht weit von Roths Geburtsort Brody, stattgefunden hatten, wären in Österreich-Ungarn nicht möglich gewesen. Roth sehnte im Laufe seines Lebens wieder das alte Österreich herbei.

Blüte in Literatur und Kunst

In Literatur und Kunst hatte der historische Bruch, den der Erste Weltkrieg bewirkt hatte, glückliche Folgen. Die zwanziger Jahre brachten eine Blüte des geistigen Lebens. Der literarische Expressionismus mit seinen sprachlichen Experimenten setzte sich durch (Ernst Tollers Drama *Hoppla, wir leben!*, 1927; schon 1915 August Stramms Gedichtsammlung *Du*). Schriftsteller behandelten in bisher ungewohntem Stil – Verwendung von Alltagssprache und Montagetechnik – die Außenseiter der Gesellschaft. Typisch dafür ist Alfred Döblins Roman *Berlin Alexanderplatz*, 1929. Neue Medien wie Fotografie und Film beeinflussten die Literatur, entsprechend wurde das genaue Dokumentieren als eigene Kunstform geschätzt. Joseph Roths sozialkritische Presseartikel waren charakteristisch für das literarische Leben der zwanziger Jahre.

Analyse des historischen Wandels

Zugleich versuchten die Schriftsteller und Philosophen, den historischen Wandel zu analysieren. Sie schrieben über die Kultur, die mit dem Weltkrieg untergegangen war, und fragten nach der neuen Rolle Europas; so Thomas Mann in seinem Roman *Der Zauberberg* (1924) und Oswald Spengler in seiner philosophischen Studie *Der Untergang des Abendlandes* (1918 Bd. 1, 1922 Bd. 2). Zu dieser Richtung gehören auch die Werke der Österreicher Hermann Bahr und Karl Kraus (Kraus' Drama *Die letzten Tage der Menschheit*, 1919), die die damalige Epoche als eine Zeit des Verfalls empfanden.

Biblische Stoffe

Bei ihrem Blick auf kulturelle Entwicklungen wandten sich die Schriftsteller auch biblischen Stoffen zu. 1917 erschien das Drama *Hiob* von Oskar Kokoschka, 1926 Franz Werfels Drama *Tod des Moses*, und 1933 – drei Jahre nach Joseph Roths *Hiob* – kamen *Die Geschichten Jaakobs* von Thomas Mann heraus, der erste Teil seines alttestamentlichen *Joseph*-Romans. Sogar in Döblins *Alexanderplatz*, im 4. Hauptteil, tritt in einem Traumbild Hiob auf.

Aber nur Joseph Roth hat es gewagt, für sein biblisches Thema den osteuropäischen Schauplatz zu wählen.

## 2.3 Angaben und Erläuterungen zu wesentlichen Werken

**ZUSAMMENFASSUNG**

Roths Roman *Hiob* von 1930 steht in der Mitte seines Schaffens.
Vor *Hiob* hat Roth vor allem Reportagen und sozialkritische Artikel verfasst, nach *Hiob* umfangreiche Werke, die historische Entwicklungen darstellen.

Fast bis an sein Lebensende arbeitete Roth für Zeitungen, doch am meisten verlockte ihn das Verfassen von Romanen. „Von dieser verdammten Zeitungsschreiberei habe ich genug“[1], sagte er schon 1925.

Themen des Früh- und Spätwerks

Man kann *Hiob* als das Zentrum des Roth'schen Werks ansehen. In *Hiob* finden sich gleichermaßen Themen des frühen Schaffens – die Nöte des Einzelnen – und des Spätwerks – die Sicht auf große historische Prozesse. Mit *Hiob* wollte Roth seine Kreativität auf die Probe stellen. So erklärt sich der weit gespannte Bogen: Vom Schauplatz Russland bis zum Schauplatz USA, vom uralten Hiob-Mythos bis zum modernen ‚business' in New York, vom psychisch-physischen Elend bis zu einem märchenhaften Glückserlebnis im Romanschluss.

Mythisch-märchenhafter Zug

Der mythisch-märchenhafte Zug tritt schon in *Hotel Savoy* auf (Hotel als Bild für die Welt!), wird in *Hiob* intensiviert und prägt auch die späten Werke stark.

Schauplatz Wolhynien

In *Hiob* hat Roth den Schauplatz Wolhynien gewählt, ein östlich von Galizien in Russland gelegenes Gebiet. In einem Interview

1 Siehe Bronsen: *Joseph Roth. Eine Biographie*, S. 264.

ROTHS SCHAFFEN

| vor 1930 | 1930 | nach 1930 |
|---|---|---|
| **Blick auf die Nöte des Einzelnen** | *Hiob. Roman eines einfachen Mannes.* | **Blick auf große historische Entwicklungen und Familienschicksale** |
| Reportagen Gesellschaftskritik in Zeitungen<br><br>5 Romane, u. a.:<br>***Hotel Savoy*** (1924)<br>Ein Kriegsheimkehrer lernt in einem riesigen Hotel unterschiedlichste Menschen kennen.<br><br>***Die Flucht ohne Ende*** (1927)<br>Der Held wird in den Weltkrieg und die Russische Revolution verwickelt und lernt dann eine korrupte Nachkriegsgesellschaft kennen. | Parallelwerke zu *Hiob* sind:<br>***Juden auf Wanderschaft*** (historischer Essay, 1927)<br><br>***Das falsche Gewicht*** (Erzählung, 1937)<br>Spielt an der österreichisch-russischen Grenze.<br><br>***Der Leviathan*** (Erzählung, 1938)<br>Spielt wie *Hiob* in Russland. | Romane u. a.:<br>***Radetzkymarsch*** (1932)<br>und die Fortsetzung<br>***Die Kapuzinergruft*** (1938)<br>Die Geschichte einer österreichischen Adelsfamilie über vier Generationen; sie erlebt das Schwinden der alten Werte.<br><br>***Die hundert Tage*** (1935)<br>Historischer Roman über Napoleon.<br><br>Die letzten Werke sind:<br>***Die Legende vom heiligen Trinker*** (1939)<br>***Die Eiche Goethes im Buchenwald*** (1939)<br>Ein scharfer Essay gegen die Nazi-Barbarei. |

1934 hat er sogar fälschlicherweise behauptet, er sei in Wolhynien geboren.[2] In der Erzählung *Das falsche Gewicht* erscheinen ähnliche Motive wie in *Hiob*: eine Grenzschenke, ein Agent für Flüchtlinge namens Kapturak und am Rande ein jüdischer Kaufmann namens Mendel Singer.

---

2 Das Interview ist neu gedruckt in Lunzer (2008), S. 78–80.

# 3. TEXTANALYSE UND -INTERPRETATION

## 3.1 Entstehung und Quellen

ZUSAMMEN-FASSUNG

- → Ab Winter 1928/29 schrieb Roth an *Hiob*.
- → Er hoffte, mit dem biblischen Thema ‚Hiob' Erfolg zu haben, denn er litt unter Geldmangel nach der Erkrankung seiner Frau.
- → Er arbeitete mit *Hiob* seine eigene jüdische Vergangenheit auf.

Unter großer psychischer Anspannung im Winter 1928/29

Joseph Roth schrieb *Hiob* vermutlich ab Winter 1928/29. Er verfasste das Werk in großer psychischer Anspannung. Die ersten Ansätze des Romans – sieben Seiten, in denen die Hauptperson ein „Wasserträger Mendel" ist – verwarf er. Am 28. März 1929 schreibt er aus Paris an Pierre Bertaux, den später berühmten französischen Germanisten, der gerade in Berlin studiert: „Gestern ist mein Roman fertig geworden. Ich bin zufrieden."[3] Vermutlich hat er damit *Hiob* gemeint. Am 1. April 1930 bekommt Roth vom Verlag die Druckabzüge; er hat noch Änderungen. In einem Brief vom 18. Mai 1930 schreibt er: „In zwei Wochen bin ich mit dem Roman fertig."[4] In den folgenden Wochen liest Stefan Zweig, der mit ihm befreundete Schriftsteller, auf seine Bitte hin das Manuskript. Am 22. September 1930 schreibt Roth an Zweig über *Hiob*: „Ich finde es überflüssig, ihn geschrieben zu haben. Ich habe gar kein Verhältnis mehr zu

---

3 Roth: *Briefe 1911–1939*, S. 151.
4 Ebd., S. 164.

diesem Buch.“[5] Wir dürfen dies nicht wörtlich nehmen, die Sätze zeigen, wie sehr Roth sich mit *Hiob* überarbeitet hatte.

Niederschrift in Hotels

Wie in der meisten Zeit seines Lebens wohnte er während der Niederschrift von *Hiob* in Hotels. Die Blätter des Manuskripts, die sich im Deutschen Literaturarchiv Marbach am Neckar befinden, sind zum Teil Hotelformulare, rückseitig beschrieben.

Roths Frau war ein Anlass für diesen Roman

Roths Anspannung rührte daher, dass er für seine psychisch erkrankte Frau Friedl Geld brauchte. Er erhoffte sich viele Leser und gute Einnahmen, indem er das allgemein bekannte biblische Thema ‚Hiob‘ aufgriff. Tatsächlich wurde *Hiob* sein größter Erfolg. Roths Frau war also der Anlass für diesen Roman, und das Thema ‚psychische Erkrankung' ist in den Roman eingeflossen: Im 12. Kapitel stirbt Deborah in seelischer Zerrüttung, im 13. Kapitel kommt die junge Mirjam in eine Irrenanstalt. In der Hauptperson Mendel Singer, der darunter leidet, hat Roth auch sich selbst dargestellt.

Die literarische Aufarbeitung Roths jüdischer Vergangenheit war ein anderer Anlass

Darüber hinaus ist *Hiob* Roths literarische Aufarbeitung seiner eigenen jüdischen Vergangenheit. Diese Vergangenheit bewegte ihn damals: 1924 hatte er seine Heimat Galizien besucht; die frommen jüdischen Eltern seiner Frau hatten in ihm wieder religiöse Gefühle geweckt, und 1927 hatte er in seinem Essay *Juden auf Wanderschaft* die Geschichte des Judentums beschrieben.

*Hiob* erschien am 10. 10. 1930 in einem Berliner Verlag

Am 10. Oktober 1930 erschien *Hiob* in dem linksdemokratischen Verlag Gustav Kiepenheuer, Berlin. Kurz zuvor, am 14. September 1930, hatte der Abdruck in Fortsetzungen in der ‚Frankfurter Zeitung' begonnen; er lief bis zum 21. Oktober 1930. Ende Dezember 1930 waren fast 10 000 Exemplare des Buches verkauft; es erschien eine zweite Auflage.

---

5 Roth/Zweig: *„Jede Freundschaft mit mir ist verderblich“*, S. 43.

## 3.2 Inhaltsangabe

ZUSAMMENFASSUNG

In Wolhynien, im Russischen Reich, lebt die Familie des frommen Juden Mendel Singer. In die Familie wird als viertes Kind der Behinderte Menuchim hineingeboren.
Einer der Söhne wandert nach New York aus, die Eltern und die Tochter folgen ihm. Dort treffen den Vater Mendel schwere Schicksalsschläge: Der eine Sohn fällt als amerikanischer Soldat im Ersten Weltkrieg, der andere gilt als verschollen. Mendels Frau stirbt. Die Tochter, die immer Liebhaber suchte, wird wahnsinnig. Mendel, bitter enttäuscht von Gott, sagt sich von Gott los.
Am Ende widerfährt Mendel ein großes Glück: Sein Sohn Menuchim, von der Behinderung geheilt und ein erfolgreicher Musiker geworden, erscheint bei ihm und umsorgt den alten Vater.

### Erster Teil

#### 1. Kapitel
#### Menuchim wird geboren

Mendel und Deborah Singer bekommen ihr viertes Kind

Mendel Singer, ein frommer jüdischer Lehrer, lebt in der Kleinstadt Zuchnow in Wolhynien (Wolhynien wird erst im 10. Kapitel erwähnt). Seine Familie ist arm, zu ihr gehören seine Frau Deborah, seine Söhne Jonas und Schemarjah und seine Tochter Mirjam. Mendel unterrichtet zwölf Knaben in der jüdischen Religion, die Stunden finden in seinem primitiven Häuschen statt. Das vierte Kind wird geboren, der Junge Menuchim. Er ist behindert, er bekommt Anfälle.

Ein Arzt, der bei einer Impf-Aktion im Ort den Jungen betrachtet, stellt beginnende Epilepsie fest und hält eine Heilung im Krankenhaus für möglich. Im Gegensatz zu Deborah lehnt der Vater Mendel einen Krankenhausaufenthalt ab: Menuchim soll der jüdischen Welt nicht entfremdet werden. Vater und Mutter beten für ihren Sohn, Deborah ruft in ihren Gebeten auf dem Friedhof sogar die Toten an.

Menuchim leidet unter Epilepsie

Deborah reist mit dem Fuhrmann Sameschkin in die Stadt Kluczýsk zu einem Rabbi, den man als „Heiligen“ (S. 12), als Wunderrabbi, verehrt. Nach einer durchwachten Nacht mit vielen Wartenden hört sie von dem Rabbi die Prophezeiung, Menuchim werde eines Tages gesund, stark und einflussreich sein: „Der Schmerz wird ihn weise machen, die Hässlichkeit gütig, die Bitternis milde und die Krankheit stark.“ (S. 12)

Die Prophezeiung des Wunderrabbi

## 2. Kapitel
## Menuchims erste Lebensjahre

Die Söhne Jonas und Schemarjah stören Menuchim in seinem Korb; Mendel prügelt sie dafür. Doch als die zwei Brüder und Mirjam den Auftrag bekommen, Menuchim spazieren zu tragen, sind sie noch grausamer; sie geben ihm Unrat zum Spielen und tauchen ihn in einen Regenwasserbottich. Menuchim überlebt die Misshandlungen. Die drei Geschwister haben nun Ehrfurcht vor seiner körperlichen Robustheit.

Körperliche Robustheit

Deborah bekommt keine Kinder mehr, sie fühlt sich alt, sie wird dick. Eines Morgens scheint Mendel sie heimlich zu beobachten; die beiden haben sich nichts mehr zu sagen. Es ist das Ende ihres sexuellen Lebens.

Eines Tages sagt Menuchim zum ersten Mal „Mama“; es bleibt sein einziges Wort, doch Deborah ist beglückt.

### 3. Kapitel
### Die älteren Söhne bei der Musterung

Zehn Jahre später

Zehn Jahre sind vergangen. Angesichts des nach wie vor behinderten Menuchims erinnert sich Deborah daran, dass damals während ihrer Schwangerschaft Mirjam von ihr weggerannt ist in eine christliche Kirche, angelockt von Licht und Glanz. Sie hat diese Tat Mirjams als ein Zeichen für kommendes Unglück angesehen.

Mirjam kokettiert

Mirjam wird zu einem koketten Mädchen: Offiziere der Garnison schauen auf sie, Soldaten rennen ihr nach. Mirjam genießt dies, die Uniformen faszinieren sie.

Für Jonas und Schemarjah steht der Wehrdienst im zaristischen Russland bevor. Die Eltern erhoffen eine Erkrankung und somit die Wehrdienstuntauglichkeit für ihre Söhne. Deborah hat Angst, im Militärdienst würden sie umkommen, Mendel befürchtet, der Dienst würde sie zu unjüdischer Lebensführung und Speise zwingen.

Jonas und Schemarjah sind tauglich

Bei der Musterung werden die Söhne für tauglich erklärt, sie gelten nun als Soldaten. Bei der Heimreise, per Bahn und zu Fuß, werden sie sich über ihre unterschiedlichen Neigungen klar: Jonas freut sich auf das Militärleben, Schemarjah träumt davon, Kaufmann zu werden. Die Eltern sind entsetzt, als sie das Ergebnis der Musterung hören. Wieder betet Deborah auf dem Friedhof und bittet die Toten um Hilfe.

### 4. Kapitel
### Jonas verlässt das Elternhaus

Streit zwischen Mendel und Deborah

Deborah sucht nach Wegen, den Militärdienst für die beiden Söhne abzuwenden. Sie sagt: „Der Mensch muss sich zu helfen suchen, und Gott wird ihm helfen.“ (S. 27) Dabei gerät sie in Streit mit Mendel, der sie zu Ergebenheit in das Schicksal ermahnt: „Lass die Söhne einrücken, sie werden nicht verkommen! Gegen den Willen des Himmels gibt es keine Gewalt." (S. 27) Sie wiederum wirft ihm vor, sein Lehrerberuf habe ihn dumm gemacht.

Das Klingeln des Teeglases

Beim Mittagessen widmet sich Mendel dem behinderten Menuchim. Mendel schlägt mit dem Löffel an das Teeglas; Menuchims Augen leuchten bei diesem Klingeln auf. Mendel versucht, vergeblich freilich, Menuchim den ersten Satz der Bibel nachsprechen zu lassen.

Deborah sucht Hilfe bei Kapturak

Deborah reist wieder mit dem Fuhrmann Sameschkin nach Kluczýsk – zu dem (illegal oder halb legal arbeitenden) Agenten Kapturak. Mit dem mühsam ersparten Geld, das sie Kapturak bietet, ist er zur Hilfe bereit, jedoch nur für einen der Söhne. Als Deborah heimkehrt, erklärt Jonas nochmals, dass er gern zu den Soldaten gehe. Also wird Schemarjah derjenige, für den man Kapturaks Hilfe in Anspruch nehmen wird.

Bis zu seinem Einrücken zum Militär wohnt und arbeitet Jonas als Pferdeknecht bei dem Fuhrmann Sameschkin. Seine Eltern sind darüber traurig.

## 5. Kapitel
## Schemarjah flieht

Schemarjah wird von einem Boten Kapturaks abgeholt. Seine Eltern fürchten, es ist ein Abschied für immer. Er ist nun Deserteur, er kann erschossen werden.

Nach einer Reise von drei Tagen mit einem Pferdefuhrwerk erreichen der Bote und Schemarjah eine Grenzschenke und überschreiten im Dunkeln zusammen mit anderen Flüchtlingen die Grenze. In der Morgenstunde denkt Schemarjah an das Zuhause zurück.

Traurige Jahre

Mendel und Deborah erleben traurige Jahre. Da Mirjam oft abwesend ist, fühlen sich die Eltern mit Menuchim und ihrer Armut allein. Jonas leistet seinen Militärdienst in Pskow bei St. Petersburg.

## 6. Kapitel
## Die Singers beschließen die Auswanderung

Der Amerikaner Mac

Ein fremdartig und bunt gekleideter Reisender erscheint bei den Singers: ein Amerikaner namens Mac, der einen Brief von Schemarjah überbringt, die erste Nachricht von ihm. Schemarjah berichtet darin, zuerst habe er für eine Schiffsgesellschaft gearbeitet, die Flüchtlinge nach Amerika befördert, dann sei er selbst dorthin gefahren. Nach einigen Hilfstätigkeiten sei er nun, zusammen mit seinem Freund Mac, im Versicherungswesen tätig, und zwar in New York (er erwähnt die Insel Long Island). Er hat geheiratet, seine Frau heißt Vega. Er verspricht seinen Eltern Schiffskarten.

Neuigkeiten von Schemarjah

Mac zeigt Fotos von Schemarjah, der sich amerikanisch ‚Sam' nennt, und überreicht zehn Dollar. Die Singers verstehen Mac, der amerikanisch spricht, kaum, aber sie genießen seine Herzlichkeit und ahnen, dass ihr Sohn inzwischen auch solch ein Amerikaner geworden ist.

Menuchim muss zurückbleiben

Die versprochenen Schiffskarten stürzen die Familie in Konflikte: Das Auswanderungsziel verlockt sie, doch sie wissen: Menuchim, dem Kranken, steht Amerika nicht offen. Am Abend, nach Macs Weiterreise, sind die Singers nicht zusammen. Mendel ist bei einer jüdischen Neumond-Feier, Deborah bleibt zu Hause und bringt die Dollars in ihrem Geldversteck unter.

Mirjam trifft einen Soldaten

Mirjam trifft heimlich im Kornfeld einen Soldaten. Mendel bemerkt die beiden. In dieser Nacht wird ihm klar, dass seine Familie und ihre jüdische Familientradition zerbrechen und dass nur ein Neuanfang in Amerika die Chance bietet, Mirjam zu den alten Sitten zurückzuführen.

## 7. Kapitel
### Bei der Behörde in Dubno

Die Papiere für die Auswanderung sind in der Stadt Dubno zu bekommen. Deborah vereinbart mit dem Fuhrmann Sameschkin die Fahrt dorthin; bei der Vorauszahlung macht ihr Sameschkin unsittliche Angebote. Schließlich fährt Mendel mit Sameschkin nach Dubno, denn nur der Ehemann darf bei den Behörden vorsprechen.

Soldatenliebchen Mirjam

Mirjam geht hinaus in die Felder, wo einer ihrer Liebhaber sie erwartet. Mit ihm verbringt sie den Sonntag.

Kapturak hilft Mendel

In Dubno wird Mendel von den Beamten grob behandelt und vorläufig wieder weggeschickt. Er trifft zufällig auf Kapturak, den Agenten. Für zehn Rubel ist Kapturak bereit, die behördliche Erlaubnis zur Auswanderung demnächst zu beschaffen. Bei der Rückfahrt gerät die Kutsche Sameschkins in einen Graben; überraschenderweise richtet Sameschkin tröstende Worte an Mendel.

## 8. Kapitel
### Mendel, Deborah und Mirjam wandern aus

Warten auf die Schiffskarten

Kapturak holt sich von den Mendels einen weiteren Vorschuss. Nun müssen sie noch auf die Schiffskarten warten, die Schemarjah („Sam“) schicken wird. Deborah denkt voller Unruhe daran, dass sie Menuchim zurücklassen müssen, und hofft bis zum Tag der Abfahrt auf das Wunder der Heilung ihres Sohnes. Mirjam freut sich auf Amerika und erklärt ihrer Mutter, dass sie immer ihre eigenen Wege gehen werde. Sie genießt die letzten Liebesabenteuer mit ihren Soldaten.

Mendel vermacht sein Haus alten Bekannten, der Familie Billes. Die Billes werden dafür Menuchim betreuen.

Abschied von Menuchim

Die Schiffskarten treffen ein. Das Packen und das Abschiednehmen folgen. Deborah nimmt zum letzten Mal Menuchim auf den Arm und fällt dann vor ihm nieder. Nach der Fahrt mit dem Pferdefuhrwerk bis Dubno und drei Tagen auf der Eisenbahn kommen Mendel, Deborah und Mirjam in Bremen an; Mendel spricht kaum. In der Frühe, nach der Nacht in einer Baracke in Bremerhaven, führt man sie mit rüden Worten auf das Schiff. Die bevorstehende Reise übers Meer ängstigt Mendel nicht.

### 9. Kapitel
### Ankunft in New York

Nach 14 Tagen gehen Mendel, Deborah und Mirjam in New York vom Schiff. Schemarjah („Sam"), der ihnen halb noch wie ein Jude, halb wie ein moderner Amerikaner erscheint, begrüßt sie mit Küssen. Dank Macs Hilfe kann die Quarantäne auf vier Tage verkürzt werden.

Starke neue Eindrücke

Bei einer ersten Fahrt durch die Großstadt überfordern Mendel die neuen Eindrücke: der Ruß, der Straßenlärm, die Hitze, die rasche Bewegung. Er ist einige Zeit ohnmächtig. Mendel lächelt, doch er glaubt, dass er sich in diesem Land fremd fühlen werde.

## Zweiter Teil

### 10. Kapitel
### Frohe Ereignisse in Amerika

Mendel, Deborah und Mirjam leben sich ein

Mendel, Deborah und Mirjam leben sich in New York ein. Sie beherrschen einige amerikanische Redewendungen und Umgangsformen, kennen verschiedene Stadtteile; Deborah ist im Theater und im Kino gewesen. Sie wohnen in einer ungezieferreichen Wohnung in der Essex Street, Mirjam hat einen langen Arbeitstag in Sams und Macs Warenhaus. Sam und seine Frau Vega haben einen Sohn bekommen.

Deborah vermisst Menuchim

Mendel und Mirjam finden nichts zu beklagen, Deborah ist unruhig und enttäuscht, vor allem vermisst sie Menuchim. In der

Jüdische Einwanderer vor der Skyline Manhattans (um 1900)
© ullstein bild – Archiv Gerstenberg

Familie überlegt man, ob man die Heimat besuchen und Menuchim wiedersehen könnte. Sam lobt die Macht der amerikanischen Medizin, lehnt es aber vorläufig ab, Menuchim zu holen. Mendel hält sich oft im Musikalienladen der jüdischen Familie Skowronnek auf.

Es findet eine kleine Familienfeier statt: Bei Spekulationsgeschäften haben Sam und Mac 15 000 Dollar verdient.

Nachrichten von Menuchim und Jonas

Briefe aus Europa treffen ein: Die Familie Billes meldet, dass Menuchim sprechen könne und von Ärzten in St. Petersburg behandelt werden solle. Jonas schreibt, ihm gefalle das Militärleben so sehr, dass er Berufssoldat werden möchte. Mendel und Deborah freuen sich über die neuen Entwicklungen.

### 11. Kapitel
### Der Weltkrieg beginnt

Sehnsucht nach Menuchim

Mendel führt endlich ein Leben ohne Geldnöte. Er besucht Bekannte und bekommt Besuch von seinen Angehörigen. Er stimmt seinen Kindern zu, wenn sie von Amerika und von der Zukunft schwärmen, hat aber schon sein eigenes Lebensende vor Augen. Er hat Sehnsucht nach Menuchim, und bei den nächtlichen Scheinwerfern denkt er an den Sternenhimmel in seiner Heimat. Mirjam wohnt nicht mehr bei ihren Eltern; Mendel vermutet, dass sie mit Mac zusammenlebt. Mac plant eine Reise, um Menuchim nach Amerika zu holen.

Mendel macht sich Vorwürfe

In Europa bricht der (Erste) Weltkrieg aus, Reisen dorthin sind nicht mehr möglich. Die Singers machen sich große Sorgen um Menuchim und um Jonas, den Soldaten. Mendel wirft sich vor, zu wenig für Menuchim getan zu haben.

## 12. Kapitel

## Schemarjah („Sam") fällt im Krieg, Deborah stirbt

Die USA sind in den Weltkrieg eingetreten. Sam und Mac haben sich freiwillig zum Kriegsdienst gemeldet. Mendel bedauert, Sam nicht zurückgehalten zu haben.

Sam meldet sich freiwillig

Mendel und seine Angehörigen lesen die Kriegsnachrichten, in Angst um das Leben der Männer. Das Rote Kreuz teilt mit, Jonas sei im Krieg verschollen.

Jonas ist verschollen

Mirjam trifft sich oft mit Mr. Glück, einem Direktor in Sams Firma.

An einem Februartag überbringt Mirjam die schlimme Nachricht: Sam ist im Krieg gefallen. Deborah, zuerst regungslos, beginnt sich die Haare auszureißen. Mac erscheint mit persönlichen Gegenständen von Sam, die er Deborah vorlegt. Sie bricht tot zusammen.

## 13. Kapitel

## Mirjam wird wahnsinnig. Mendel ist voller Zorn auf Gott

Sieben Tage trauert Mendel um seine tote Frau. Er führt mit ihr in Gedanken Gespräche. Er erhebt Vorwürfe gegen sich selbst, schon lange habe er keine rechte Liebe zu ihr empfunden, und gegen Amerika, das den Tod in seine Familie gebracht habe. Er ersehnt für sich das Sterben.

Mendel sehnt sich nach dem Tod

Er wird zu Mirjam gerufen. Sie liegt auf dem Krankenlager und spricht wie eine Tobsüchtige über ihre sexuelle Begierde. Der herbeigeholte Arzt lässt Mirjam in eine Anstalt einliefern.

Mirjam in der Anstalt

Mendel wartet in der Anstalt und bemerkt Schlüsselblumen, die ihn an die Heimat erinnern. Er bereut die Auswanderung und fragt sich, ob er stattdessen lieber alles hätte tolerieren sollen – auch Mirjams Liebschaften. Der Arzt diagnostiziert bei Mirjam unheilbaren Wahnsinn.

Abwendung von Gott

In seinem Unglück fasst Mendel einen grundsätzlichen Entschluss; er bricht seine Beziehung zu Gott ab: Gebetriemen und Gebetbücher räumt er beiseite – sie zu verbrennen bringt er allerdings nicht fertig –, er will nicht mehr beten. Vier seiner Freunde möchten ihn von dieser Lebensänderung abhalten. Sie tragen ihm ihre Argumente vor: Man wisse nie, wofür Gott strafe (Freund Skowronnek); alles sei nur eine Prüfung wie im biblischen Fall des Hiob (Rottenberg, Groschel); vielleicht werde Gott an Mendel noch ein Wunder tun (Menkes). Doch Mendel lehnt diese Versuche, ihn mit Gott zu versöhnen, ab. Er sagt: „Alle Jahre habe ich Gott geliebt, und er hat mich gehasst." (S. 100)

„Alle Jahre habe ich Gott geliebt, und er hat mich gehasst."

### 14. Kapitel
### Mendel als Diener und Bote; das Grammofon

Mitleid und Respekt

Mendel lebt bei den Skowronneks und arbeitet bei ihnen als Diener und als Gehilfe im Musikalienladen. Die Juden in der Umgebung haben Mitleid mit ihm und zeigen aber auch ihren Respekt. Das Hinterzimmer, in dem Mendel wohnt, wird auch als Bet-Raum bei jüdischen Festen benutzt, ohne dass Mendel an den Gebeten teilnimmt.

Skowronnek berichtet ihm, Mac heirate Sams Witwe Vega.

‚Menuchims Lied'

Die Nachricht kommt: Der Krieg ist zu Ende. Angeregt von der allgemeinen Freude hört Mendel auf dem Grammofon eine neu eingetroffene Schallplatte; das Stück heißt ‚Menuchims Lied'. Es rührt ihn schon des Titels wegen. Die Melodie reißt ihn mit, er singt sie nach.

### 15. Kapitel
### Menuchim erscheint

Mendel will zurück

Ostern naht, Mendel hilft beim Hausputz und bei anderen Festvorbereitungen. Manchmal singt er leise ‚Menuchims Lied'. Frau Skowronnek hält ihn für kindisch und altersschwach. Heimlich dringt Mendel in seine frühere Wohnung ein und findet unter einem Dielenbrett Deborahs altes Geldversteck. Die Summe will er für die Rückreise in die Heimat verwenden.

Alexej Kossak

Herr Frisch, Inhaber eines Eissalons, berichtet Mendel von einem Orchester aus Russland, das in New York gastiert und jüdische Lieder vorträgt. Der Dirigent, zugleich ein Komponist, stamme aus Zuchnow, heiße Alexej Kossak und sei auf der Suche nach Mendel Singer. Frisch möchte Kossak Mendels Adresse geben, Mendel hat nichts dagegen. Frisch zeigt Mendel ein Foto von Kossak, Mendel beeindrucken die Augen.

Osterabend-Feier

Die Skowronneks feiern mit allen Angehörigen den Osterabend, Mendel ist dabei und summt die Lieder mit. Ein Höhepunkt der Feier ist traditionellerweise der Moment, in dem man sich das Eintreffen des Propheten Eliahu vorstellt. Da erscheint ein Besucher: Alexej Kossak, der, wie er sagt, Mendel sehen möchte. Kossak feiert mit. Er erzählt von Zuchnow, von seiner Musikerlaufbahn – er hat ‚Menuchims Lied' komponiert – und von Jonas, der nach wie vor verschollen ist. Schließlich sagt Kossak: „Ich selbst bin Menuchim." (S. 123)

Die Prophezeiung des Wunderrabbis hat sich erfüllt

Mendel ist ergriffen, dass sich die alte Prophezeiung über seinen behinderten Sohn erfüllt hat. Er fällt vor Menuchim nieder. Skowronnek holt alle Freunde, man ist fröhlich. Menuchim nimmt seinen Vater mit ins Hotel.

### 16. Kapitel
### Mendel Singer im Glück

Menuchims Erinnerungen

Im Hotel bemerkt Mendel wieder den Lärm und die Lichterfülle Amerikas, doch nun bewundert er die Leuchtreklame als ein Bild für Glück und Gesundheit. Menuchim spricht von seinen frühen Erinnerungen an das Klingeln mit Löffel und Teeglas und von seiner

Heilung in St. Petersburg. Er hält die Genesung Mirjams für möglich.

Am nächsten Tag fahren Vater und Sohn ans Meer. Mendel genießt die Natur und freut sich über die Welt.

Im Hotel betrachtet Mendel ein Foto von Menuchim und seiner Familie, das ihn an Deborah denken lässt. Glücklich schläft er ein. Der letzte Satz des Romans: „Und er ruhte aus von der Schwere des Glücks und der Größe der Wunder.“ (S. 129)

# 3.3 Aufbau

ZUSAMMENFASSUNG

*Hiob* spielt von 1894 bis 1919. Handlungsorte sind Zuchnow (Kapitel 1–9), ein erfundenes Dorf in Wolhynien (damals Teil des Russischen Reiches, heute der Ukraine), und ab 1909 New York (Kapitel 10–16). Die Schicksale der Figuren und historische Fakten greifen im Romangeschehen ineinander.

## Die Grundstruktur der Handlung

**Erster Teil: Kapitel 1–9** **Wolhynien (Russland, heute Ukraine): Zuchnow**

| Die Familie in geordneter Welt | Menuchim wird als Behinderter geboren | Der Beschluss auszuwandern | Ankunft in New York |
|---|---|---|---|
| Anfang 1. Kapitel | 1. Kapitel | 6. Kapitel | 9. Kapitel |

→ **Die Familie zerbricht** →

Mendel, Deborah, und ihre vier Kinder:
Jonas, Schemarjah, Mirjam, Menuchim

↓ ↓ ↓

Militär Kommerz Sex

Ausbruch in die nichtjüdische Welt

**Zweiter Teil: Kapitel 10–16** **USA: New York**

| Das Einleben in New York | Mendels Wandlung: sein Zorn auf Gott | Menuchim („Alexej Kossak") erscheint: das Glück |
|---|---|---|
| 10. Kapitel | 13. Kapitel | 15./16. Kapitel |

→ **Die Familie ist zerbrochen** →

Mendel, Deborah, Schemarjah (Sam), Mirjam, Jonas (in Russland)

↓ ↓ ↓ ↓

Tod oder tödliche Gefahr

## Chronologie

Die Schicksale der Figuren und historische Fakten greifen im Romangeschehen ineinander.

Mendel Singer ist 30 Jahre alt (S. 6) zu Beginn, als das Jüngste seiner vier Kinder geboren wird. Er ist also etwa 25 Jahre älter als sein ältester Sohn. Dessen Musterung findet nach dem russisch-japanischen Krieg von 1904/05 statt („Krieg gegen Japan schon beendet", S. 20), also um 1907. Mendel muss da Anfang vierzig sein, und im Jahre 1913 demnach Ende vierzig. Wir lesen aber, im Jahr vor dem Weltkrieg, 1913, war Mendel „neunundfünfzig Jahre" alt (S. 81). Zeitliche Unstimmigkeiten gehören zur Freiheit des Dichtens!

Zeitliche Unstimmigkeiten gehören zur Freiheit des Dichtens

Für unsere Chronologie wollen wir Roth an dieser Stelle korrigieren und sagen: 1913 war Mendel 49 Jahre alt. Wir haben dann keinen zeitlichen Widerspruch. Entsprechend müssen wir auf S. 97 unten statt „mehr als sechzig Jahre" sagen: „mehr als fünfzig". Demnach ist Mendel 1864 geboren, und das 1. Kapitel spielt 1894.

Vorgeschichte:

1864 Geburt Mendel Singers, um 1889 Heirat mit Deborah. Jonas, Schemarjah und Mirjam werden kurz nacheinander geboren.

## Erster Teil

| | | |
|---|---|---|
| **1. Kapitel** | Sommer 1894<br><br>Herbst 1895 | Mendel Singer 30 Jahre alt, der Sohn Menuchim wird geboren.<br>Deborah beim Wunderrabbi. |
| **2. Kapitel** | 1897 | Menuchim, der Behinderte, sagt zum ersten Mal ‚Mama'. |
| **3. Kapitel** | 1906/07<br>März 1907 | Mirjam zieht die Blicke der Offiziere auf sich.<br>Jonas und Schemarjah bei der Musterungsbehörde, sie sind ‚tauglich'. |
| **4. Kapitel** | 1907 | Menuchim nimmt Musiktöne wahr. Deborah bereitet Schemarjahs Flucht vor. Jonas wird Pferdeknecht. |
| **5. Kapitel** | August 1907 | Schemarjah flieht. Jonas wird Soldat in Pskow. |
| **6. Kapitel** | Spätsommer 1909 | Mac, Schemarjahs Freund aus Amerika, erscheint.<br>Mendel bemerkt Mirjams Liebesabenteuer mit Soldaten.<br>Die Eltern beschließen, nach Amerika auszuwandern. |
| **7. Kapitel** | | Die Auswanderung wird vorbereitet. |
| **8. Kapitel** | Herbst/Winter 1909 | Abreise. Bahnfahrt bis Bremen, dann 14 Tage Schiffsreise. |
| **9. Kapitel** | | Ankunft in New York; Wiedersehen mit Schemarjah (nun: „Sam") und Mac. |

## Zweiter Teil

| | | |
|---|---|---|
| **10. Kapitel** | Ende 1909<br>1913 | Beginn des Einlebens in Amerika.<br>Sams Spekulationsgewinn. Brief aus Russland über Menuchims Fortschritte. Plan einer Europareise. |
| **11. Kapitel** | 1914 | Mirjam zieht aus. Nachricht vom Ausbruch des (Ersten) Weltkrieges. Die Reisepläne werden hinfällig. |
| **12. Kapitel** | 1917<br><br><br>Februar 1918 | Eintritt der USA in den Krieg. Sam meldet sich zum Militär. Jonas als Soldat verschollen.<br>Sam fällt im Krieg. Deborah stirbt bei der Nachricht. |
| **13. Kapitel** | | Mirjam wird wahnsinnig. Mendels Zorn auf Gott. Diskussion mit Freunden. |
| **14. Kapitel** | <br><br>Herbst 1918<br><br>Januar 1919 | Mendel zieht zu dem Musikalienhändler Skowronnek.<br>Mac und Vega (Sams Witwe) heiraten. Nachricht von der Abdankung des Zaren.<br>Ende des Krieges. Mendel hört die Schallplatte ‚Menuchims Lied'. |
| **15. Kapitel** | Frühjahr 1919 | Mendel erfährt: Das Orchester eines Alexej Kossak gastiert. Am Osterabend erscheint Kossak und gibt sich als Menuchim zu erkennen. |
| **16. Kapitel** | | Mendel und Menuchim im Hotel, sie genießen ihr Glück. |

## Die Schauplätze

### Gesamtübersicht

**1: Dubno** (Russland, heute Ukraine): Kreisstadt und Bahnstation (S. 47, 66) von Zuchnow, einem von Roth erfundenen Ort. Die Region ist Schauplatz des 1. Teils.

**2: Pskow** (Russland): Jonas in der Kaserne (S. 36).

**3: Triest** (Österreich-Ungarn, heute Italien): Einschiffung Schemarjahs nach Amerika (S. 38).

**4: Bremerhaven** (Deutschland): Einschiffung der Familie nach Amerika (S. 67).

**5: New York** (USA): Schauplatz des 2. Teils.

## Schauplatz 1: Eisenbahnen in Wolhynien um 1900

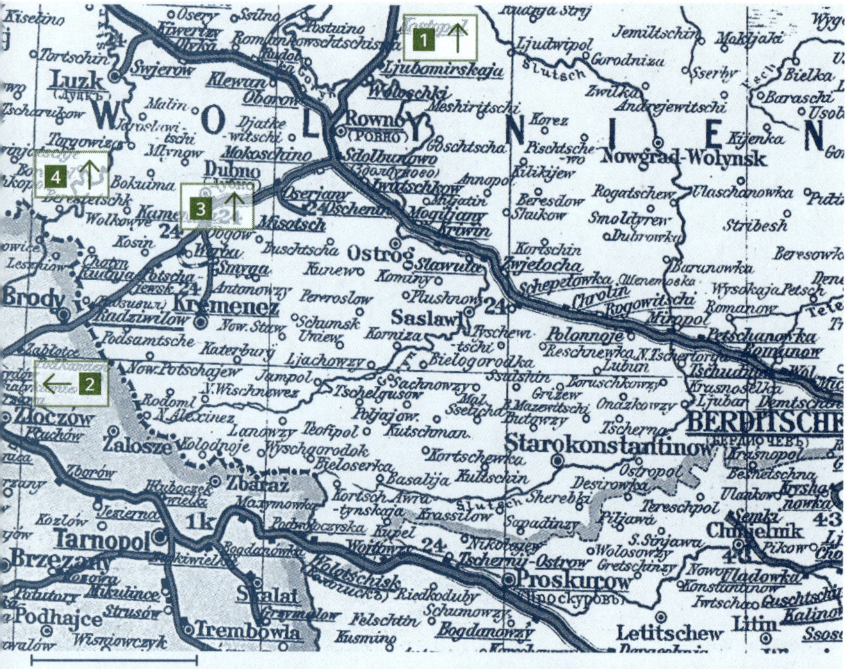


**1: Eisenbahn nach St. Petersburg**
(damalige Hauptstadt von Russland)
Dubno–St. Petersburg 1315 km
Dubno–Pskow 1051 km

**2: Eisenbahn nach Lemberg–Krakau–Wien/Berlin**
Dubno–Wien 905 km
Dubno–Bremen 1449 km

**3: Dubno**

**4: Torgowiza**

*Hiob* spielt in Wolhynien, nicht in Galizien oder Ostgalizien, wie manchmal gesagt wird.
Zuchnow muss man sich 5 Wegstunden, also ca. 30 km, entfernt von Dubno (3) denken (S. 52 f., S. 66). Torgowiza (4) könnte demnach mit Zuchnow gemeint sein.
Dubno hatte 8 000 meist jüdische Einwohner.
Brody in Galizien, nahe der Grenze, ist Joseph Roths Geburtsort.
Die hier sichtbare Grenze zwischen Wolhynien und Galizien ist zugleich die Grenze zwischen Russland (Norden) und Österreich-Ungarn (Süden). Seit 1920 gibt es die Grenze nicht mehr. Wolhynien und Galizien kommen beide zu Polen, 1939 zur Sowjetunion und 1991 zu dem neu gegründeten Staat Ukraine.

**Schauplatz 2: New York um 1910**
1898 wurden Manhattan, Richmond, Queens, Brooklyn und die Bronx (nördlich von Manhattan) zu ‚New York City' zusammengeschlossen.
New York hatte damals 4,8 Mio. Einwohner, davon 1,1 Mio. Juden (insgesamt 2,5 Mio. Juden in den USA). 1870 hatte New York nur 1,4 Mio. Einwohner, davon 60 000 Juden; seither Immigrationswellen aus Osteuropa.

**1: Liberty Island** mit der Freiheitsstatue (S. 69)
**2: Ellis Island,** Abfertigung der Immigranten („Männer in Uniformen“, S. 69)
**3: Essex Street** (Mendels Wohnung, S. 73)
**4: Houston Street** (Sams Kaufhaus, S. 73)
**5: Bowery** (S. 73)
**6: Delancey Street** (S. 76)
**7: 44th Street** mit dem Hotel Astor (S. 125)
***:** zur Information eingefügt: Lage des World Trade Center mit den Zwillingstürmen, 1975–11. September 2001

**Fort Lafayette** (S. 38) liegt, wie auch Brooklyn und Queens, auf Long Island.
**Atlantic City,** der Ausflugsort am Meer (S. 79), liegt 140 km südlich.

............. **Jüdisches Viertel,** Teil der ‚Lower Eastside'

## 3.4 Personenkonstellation und Charakteristiken

ZUSAMMEN-FASSUNG

Wir stellen die Personen und ihre Beziehungen in einer Abbildung dar. Die wichtigsten Personen sind

**Mendel Singer:**
- → frommer Jude, Lehrer,
- → zu Beginn 30 Jahre alt,
- → intellektueller Typ,
- → mit tiefem Vertrauen zu Gott, bis ihn schwere Schicksalsschläge treffen,

**Deborah Singer, Mendels Frau:**
- → tatkräftig, sogar kämpferisch,
- → Blick für das Notwendige im Alltag,
- → seelisch überfordert bei den Schicksalsschlägen: Zusammenbruch, Tod,

**ihre Kinder, die aus der jüdischen Welt ausbrechen:**
- → Jonas wird Soldat,
- → Schemarjah wird in Amerika Geschäftsmann,
- → die Tochter Mirjam sucht sich Liebhaber,
- → Menuchim wird als Behinderter geboren, am Ende erfolgreicher Musiker.

### Übersicht

Der Roman lebt aus dem Verhältnis von Mendel Singer zu seinen Mitmenschen. Verschaffen wir uns ein Gesamtbild!

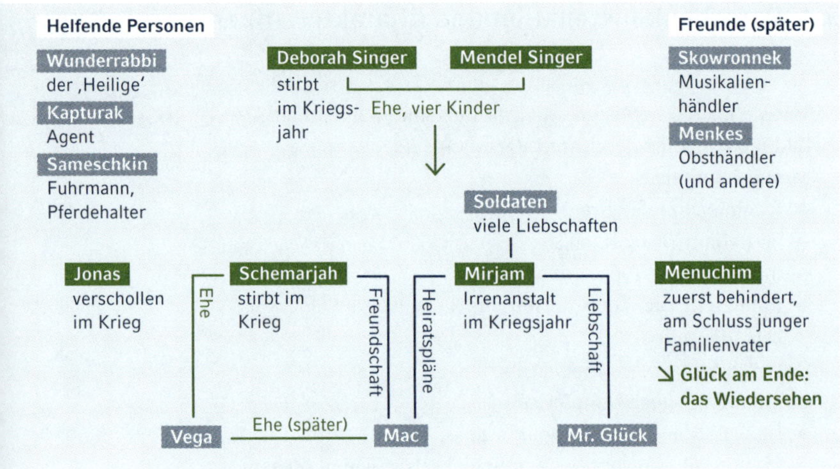


**Die Bedeutung der Namen:**

**Mendel**, **Menuchim**: beides hebr. ‚Tröster'; Mendel ist eine jiddische Form von Menuchim. In der Luther-Bibel lautet dieser Name Menahem (2. Könige 15, 17). Mendel wird auch als Kurzform von Immanuel benutzt; Immanuel bedeutet hebr. ‚Gott mit mir'. Der Name Mendel und der Nachname Singer sind sehr verbreitet in jüdischen Kreisen, es sind Allerweltsnamen.[6]

Der russische Vorname **Alexej**, mit dem **Menuchim** am Ende auftritt (erstmals erwähnt S. 113), kommt aus dem Griechischen und heißt ‚Helfer'.

---

6 Von dem jüdischen Schriftsteller Scholem Alejchem (1859–1916) gibt es das Werk *Menachem Mendel und Scheine-Scheindel. Briefe aus Galizien*. Sogar einen ‚Mendel Singer' hat es in Wirklichkeit gegeben. So wurde Emanuel Edler von Singer, ein langjähriger Beamter (einer jüdischen Familie entstammend) im österreichischen Reichstag vor 1919 zu Wien, von seinen Freunden genannt. Der Journalist Anton Kuh hat verschiedentlich über ihn berichtet; z. B. in ‚Der Querschnitt', 7. Jg. (1927), S. 50 ff.

**Deborah**: hebr. ‚Biene'; Name einer Prophetin im Buch *Richter* des Alten Testaments.
**Jonas**: hebr. ‚Taube'; im Alten Testament gibt es das Buch *Jonas*.
**Schemarjah**: hebr. ‚Gott schütze dich'. In Amerika nimmt Schemarjah den Namen Sam an; **Sam** ist eine Kurzform von Samuel, hebr. ‚Gott erhört'.
**Mirjam**: Name der Schwester Moses im 2. Buch *Mosis*.
Auf S. 87 dieses Bandes werden wir auf diese Namen zurückkommen.

## Die Hauptpersonen

### Mendel Singer

ist zu Beginn 30 Jahre alt. Er lebt bis zu seiner Auswanderung in Wolhynien, einer Provinz Südrusslands. Er ist jüdischer Lehrer und unterhält in seinem ärmlichen Ein-Zimmer-Haus eine Kleinkinderschule, in der er sechsjährige Jungen in die jüdische Religion einführt. Er verdient sehr wenig. Mendel hat nach jüdischer Sitte einen Vollbart. Bekleidet ist er mit einem Kaftan, er trägt eine Mütze; nur so zeigt er sich der Öffentlichkeit.

Lehrer für jüdische Religion

Mendel hat einen Sinn für Töne und Musik. Einmal beschäftigt er sich mit dem behinderten Menuchim, indem er an ein Teeglas schlägt (er begann, „den Takt zu läuten", S. 28 f.). Später im Roman hört er, während andere laut feiern, allein Lieder auf dem Grammofon (S. 106 f.).

Musikalisch

Mendel betet regelmäßig zu Gott (S. 5). Allein von Gott erwartet er Hilfe im Leben. Was geschieht, sieht er als eine von Gott beschlossene Sache an („nichts gab es, was er begehrt hätte", S. 5; er „floh vor keiner Strafe Gottes", S. 8). Wenn seine Frau Deborah Menschen aufsucht, die ihr helfen könnten, widerspricht er ihr: „Man soll sein Schicksal tragen!" (S. 27) Und: „Kein Jude braucht einen Vermittler zum Herrn." (S. 59) Die Reise über das Meer macht ihm

Vertrauen auf Gott

keine Angst, da „Gott selbst es geschaffen" hat (S. 68). Allerdings verliert er immer mehr seine innere Ruhe und hat für Deborah und ihre Enttäuschungen Verständnis. „Seufze nicht!", sagt er zu ihr (S. 7), aber später: „Deborah durfte seufzen" (S. 9).

Rechtgläubig

Die religiösen Gesetze gehen ihm über alles; den Krankenhausaufenthalt für Menuchim und den Militärdienst für die beiden älteren Söhne lehnt er ab, weil dabei die Speise- und andere Vorschriften missachtet würden (S. 9, S. 20). Mendel Singer ist also ein rechtgläubiger Jude, der sich an die religiösen Schriften hält.

Intellektuell

Damit zeigt er sich auch als ein intellektueller Typ, dem das gedruckte Wort viel bedeutet. Er kennt im Gebetbuch die „Zahl seiner Zeilen", er kann die passenden Stellen „im Nu aufschlagen" (S. 45), ja er behandelt das Buch wie einen lieben Menschen (es ist seinen Händen „heimisch", jedes gedruckte Gebet hat für ihn eine „Physiognomie", ebd.). Er ist gern Lehrer; dem kleinen Menuchim sagt er den ersten Satz der Bibel vor („Am Anfang schuf Gott Himmel und Erde", S. 29), und noch am Ende mahnt er Menuchim in lehrerhaftem Ton, rascher zu sprechen („Weiter, weiter!", S. 126). Der Spott Deborahs über seinen Beruf empört ihn (S. 27), und überhaupt gilt: „Wenn man seine Fähigkeit, zu verstehen, anzweifelte, war er beleidigt." (S. 109) Ein Interpret stellt fest: Mendel Singer „vertritt [...] den Anspruch des autonomen Subjekts"[7].

Rational

Ausgesprochen intellektuell und rational ist auch sein Abwägen von Gründen für und gegen die Auswanderung. In sieben aufeinander aufbauenden Sätzen legt er eine genaue Argumentation vor. („Fahren wir nicht nach Amerika, so [...]"/„Fahren wir nach Amerika, so [...]", S. 58.) – Seine Angabe bei der Behörde, er könne nicht schreiben (S. 54), bezieht sich auf die russische Sprache und ihre kyrillischen Buchstaben. Im Übrigen ist Mendel durchaus sprach-

---

7 Hüppauf, S. 43.

begabt. In New York fühlt er sich schnell „beinahe heimisch" (S. 73), auch bezüglich der Sprache dort.

Als ihn in Amerika immer mehr Schicksalsschläge treffen, sogar der Tod seiner Frau und seines Sohnes Schemarjah, wird er zornig auf Gott und will ihn nicht mehr verehren. Aber seinem Glauben an die Existenz Gottes und seinem klaren Denken bleibt er treu. „Wofür straft er, Gott?", fragt er (S. 97, ähnlich schon S. 29), und er urteilt logisch: „Gütiger als Gott ist der Teufel. Da er nicht so mächtig ist, kann er nicht so grausam sein." (S. 100)

„Gütiger als Gott ist der Teufel. Da er nicht so mächtig ist, kann er nicht so grausam sein."

Mendel ist auch ein eigensinniger Mensch. Er kann jähzornig sein (seine Söhne „prügelte er wegen Ungehorsams", S. 5; ähnlich S. 13). Ein guter Erzieher ist er nicht. Zu seiner intellektuellen Haltung passt auch, dass ihm Natur und Landschaft nicht viel bedeuten. In der freien Natur fühlt er sich „unsagbar einsam" (S. 44), es zieht ihn zurück in die vier Wände (S. 45). Erst in der Großstadt New York wird ihm die Schönheit der Landschaft von einst bewusst: „Mendel erinnerte sich an die hell gestirnten Nächte daheim" (S. 83).

Eigensinnig und jähzornig

Mit seiner Distanzierung zu Gott lässt er nicht nur das Gebetbuch beiseite („nun weigerten sich die Hände", S. 97), sondern ist auch bereit zu nicht-intellektuellen Tätigkeiten, zu Reinigungsarbeiten (S. 103) und Botendiensten (S. 106). Nun, bei diesen bescheidenen Aktivitäten, weitet sich sein Blick; er wirft sich vor, dass in seiner Ehe „die Wärme der Liebe" gefehlt habe (S. 91) und dass er bei Menuchim in der Heimat hätte bleiben sollen (S. 94).

Reuevoll

Mendel wandelt sich sogar noch mehr, er macht **eine innere Entwicklung** durch. Die meiste Zeit seines Lebens waren ihm Gott und die heiligen Schriften wichtiger als die Menschen und die Welt. Sein Sichabwenden von Gott bewirkt, dass er seine Umgebung schätzt. Nach der erregten Diskussion sagt er: „Ich habe keine Angst, meine Freunde!" (S. 100) und drückt so seine Zusammengehörigkeit mit ihnen aus. Mendel ist nun der Welt zugewandt, Freunde sind

Wendet sich den Menschen zu

ihm wichtig wie noch nie. Mendel „zitterte um seine Freundschaft", heißt es (S. 110), d. h. um seine Freundschaft mit Skowronnek, die durch Frau Skowronneks Schimpfen gefährdet ist. Ebenso erinnert er sich an Sameschkin, der ihn einmal tröstend umarmt hat (S. 56 f.), und meint nun: Sameschkin war „ein kluger Bauer" (S. 94).

Dabei spielt jetzt das Irdische in seiner Gefühlswelt eine Rolle. Er hört auf dem Grammofon ‚Menuchims Lied' und stellt begeistert fest: „Die ganze Welt höre ich jetzt" (S. 107).

**Deborah Singer,**

Tatkräftig

die Ehefrau Mendel Singers, hat vier Kinder zur Welt gebracht. Deborah ist ein tatkräftiger Mensch. Ihr Seufzen (S. 7, S. 9) angesichts ihrer Armut und ihres behinderten Kindes Menuchim ist kein passives Klagen, sondern eher ein Murren, ein Rebellieren. Ihr Motto ist: „Der Mensch muss sich zu helfen suchen, und Gott wird ihm helfen." (S. 27) Mendels Vertrauen allein auf Gott sieht sie als Nichtstun an, als schlechtes Vorbild: „Immer weißt du die falschen Sätze auswendig", sagt sie ihm (S. 27). Während Mendel ins Bethaus geht, widmet sie sich dem Verstecken von mühsam erspartem Geld unter dem „Dielenbrett" (S. 26, 41). Von ihren Ersparnissen profitiert die Familie, auch Mendel (S. 111).

Kämpft wie eine Löwin für das Wohl ihrer Kinder

Mit Energie kämpft sie um das Wohl ihrer Kinder. Sie nimmt um Menuchims willen die anstrengende Reise zu dem Wunderrabbi auf sich (S. 9–12), und ebenso fährt sie zu dem Fluchthelfer Kapturak, um ihre Söhne oder zumindest einen von ihnen, Schemarjah, vor dem Militärdienst zu bewahren (S. 30 f.). In solchen Aktionen ist sie ungeduldig bis zur Rücksichtslosigkeit: Durch die Wartenden ruft sie hindurch (S. 11); andere „drängte" sie auseinander (S. 11). Die Auswanderung vor Augen, bereitet sie den Gang zur Behörde in Dubno vor – den dann ihr Mann unternimmt –, wobei sie die sexuellen Zudringlichkeiten des Fuhrmanns streng abwehrt (S. 47–49).

Ihre Tatkraft führt zu innerer Unruhe. In Amerika schätzt sie Schmuck, Kinobesuche und das Zusammensein mit ihren Angehörigen (S. 74), und doch heißt es: „Sie wusste nicht genau, was ihr fehlte." (S. 75) Zu dieser Unausgeglichenheit passt auch, dass sie neidisch sein kann („sie schielte nach dem Besitz Wohlhabender", S. 6) und sogar „boshaft" (S. 81).

Innere Unruhe

Bei alledem hat sie das Gespür für das, was im Alltag notwendig ist. Sie ist dafür, Menuchim in einem Krankenhaus behandeln zu lassen („schon war Deborah bereit", anders als ihr Mann, S. 8). Tatsächlich wird viel später Menuchim im Krankenhaus geheilt („ein weißer Saal, weiße Betten", S. 126) – aber dies erfährt Deborah nicht mehr. Sie merkt, dass Menuchim ihrer Liebe mehr bedarf als die anderen Kinder (sie „hasste" das Geschrei und die Stärke der gesunden Kinder, S. 9). Ihre Liebe kann daher, aus dieser inneren Energie heraus, zu mächtig und überprotektiv sein: Küsst sie ihren Menuchim, so ist es, „als schlüge sie das Kind mit ihrem liebenden mütterlichen Mund" (S. 11). Sein erster „Mama"-Ruf beglückt sie (S. 17).

Überprotektiv

Ihr tatkräftiges Wesen zeigt sich auch darin, dass sie den Tod ihrer Kinder befürchtet: „Leichen sah sie, lauter Leichen", als sie sich den Militärdienst ihrer Söhne vorstellt (S. 20), „sie schreit" in der Qual, Menuchim in der Heimat zurücklassen zu müssen (S. 66). Sie erschrickt bei den Liebesabenteuern und den Ausbruchsversuchen ihrer Tochter Mirjam (S. 47) und sieht intuitiv richtig, dass diese Schritte Unglück bringen müssen (S. 49). Dies ist schon der Fall, als die kleine Mirjam sich vom Glanz einer christlichen Kirche anlocken lässt und ihr entläuft (S. 18).

Sieht das Unglück kommen

Deborahs bewundernswerte Stärke, gegen das Schicksal anzugehen, ist nicht grenzenlos. Als sie hört, dass ihr Sohn Schemarjah im Krieg gefallen ist – das Kind, das ihr am meisten Freude berei-

Vom Schicksal überwältigt

tet hat –, bricht sie körperlich und seelisch zusammen und stirbt (S. 89 f.).

Steht dem Chassidismus nahe

Nicht nur in ihrem Verhalten und ihrem Planen ist Deborah anders als ihr Mann Mendel, sondern auch in ihrer Religiosität. Sie betet zu den Verstorbenen (sie „pilgerte" regelmäßig dorthin, S. 9, 20) und erhofft sich von ihnen „Fürsprache" bei Gott (S. 9). Sie glaubt an die Kraft des Wunderrabbi, bei dem sie, wie erwähnt, auftritt und sich gläubig eine günstige Prophezeiung für Menuchim anhört (S. 12). Deborah steht damit dem Chassidismus nahe, einer speziellen jüdischen Glaubensform (wir erläutern diese Glaubensform im Kapitel 3.5, S. 52 f. dieses Bandes).

**Die Kinder Jonas, Schemarjah, Mirjam, Menuchim:**
Zuerst zu den drei Älteren! Sie werden mit Tieren verglichen. Jonas, der älteste Sohn, ist „stark wie ein Bär", Schemarjah ist „schlau wie ein Fuchs" (S. 13). Mirjam ist zart wie „eine junge Gazelle" (S. 5) und bewegt sich „wie ein weißer Schmetterling" (S. 61). Die Kinder sind wesensmäßig verschieden. Gemeinsam ist ihnen, dass sie die Sitten der Eltern aufgeben wollen.

Stark und naiv

**Jonas** ist nicht nur stark, sondern auch innerlich robust-naiv. Er ähnelt „einem riesigen Säugling", während er aus der Schnapsflasche trinkt (S. 22). Er neigt zu derben Tätigkeiten, er möchte „ein Bauer sein" (S. 23) – was einem Juden in Russland verwehrt wurde – oder ein Soldat. Er wird zunächst Pferdeknecht beim Fuhrmann Sameschkin (S. 32), dann Soldat („Jonas diente dem Zaren in Pskow", S. 42).

Schlau

**Schemarjah**, der Schlaue, hat einen klugen Geschäftssinn: „Ich könnte ein Kaufmann werden" (S. 23). Tatsächlich ist er später in New York als ‚Sam' erfolgreicher Warenhausbesitzer und Spekulant (S. 78). Seinen Sinn für das Geschäftliche beweist er schon vorher bei seiner Tätigkeit für einen Triestiner Flüchtlingsagenten (S. 38).

Sexualisiert

**Mirjam** sucht sexuelle Erlebnisse und findet sie auch, und zwar mit Soldaten in den Feldern (S. 44). Ihr geht der „Duft von Männerschweiß“ durch die Gedanken (S. 51). Sie mag es, wenn sich mehrere junge Männer gleichzeitig mit ihr abgeben: „Manchmal kamen drei.“ (S. 59) Mirjam freut sich auf Amerika und die dort möglichen Liebesabenteuer (S. 50). In Amerika, wo Mac sie heiraten möchte, hat sie Kontakt mit einem weiteren Mann, Mr. Glück (S. 89).

Mirjams Verhalten ist schockierender als das ihrer Brüder, ihre Lust auf Männer ist maßlos. Doch wie anders als durch Liebesabenteuer hätte sie, die junge Frau, sich neue Lebensbereiche schaffen können? Ihre Sinne sind stark, aber die „Neugier“ in ihr ist der Auslöser für ihr Tun (S. 19). Entsprechend ist sie es, die als Erste auffordert, Sam nach Amerika zu folgen (S. 40).

Ursprünglich ist sie Mendels liebstes Kind (S. 8). Am Ende erinnert sich Mirjam daran auf inzestuöse Weise: „Mendel Singer gefällt mir auch“ (S. 93) – wie ein Liebhaber!

Lehnen die Lebensgewohnheiten ihrer Eltern ab

Die Kinder lehnen die Lebensgewohnheiten ihrer Eltern ab und entfernen sich auch räumlich von ihnen. Jonas geht nach Pskow in das nördliche Russland, Schemarjah flieht nach Amerika und meldet sich später, als seine Eltern ebenfalls dort sind, zum US-Militärdienst, und Mirjam verlässt immer wieder nachts das Haus.

Untergang

In ihren Neigungen gehen alle drei so weit, dass sie sich in den Untergang treiben lassen. Jonas gilt als verschollen im Laufe des Krieges, Schemarjah fällt im Krieg (S. 89), und Mirjam wird irrsinnig (S. 93), wohl weil sie ihr Verhältnis zu Mac zerstört hat. Durch die Generationenkonflikte zwischen Mendel und seinen Kindern wird *Hiob* zum Familienroman; wir besprechen den ‚Familienroman *Hiob*‘ auf S. 82 ff. dieses Bandes.

Gewaltige Überlebenskraft

**Menuchim**, das jüngste der Kinder, ist körperlich und geistig behindert; er leidet unter Epilepsie (S. 8). Seine Begabung liegt auf musikalischem Gebiet. Nachdem er geheilt ist, wird er unter dem Namen Alexej Kossak (S. 113, S. 126) ein berühmter Orchesterleiter und Komponist. Sein Auftreten am Ende des Romans ist das große Glück für seinen alten Vater. Er, der Versehrte, der von seinen drei Geschwistern auch noch gequält wird (S. 14 f.), beweist am Ende, im Gegensatz zu ihnen, seine gewaltige Überlebenskraft: Er ist „ein schöner, junger Mann“ (S. 114).

## Freunde der Familie Singer

Uneigennützig und hilfsbereit

**Mac**, der amerikanische Geschäftspartner Schemarjahs, ist ein uneigennütziger und hilfsbereiter Mensch; zuerst als Bote Schemarjahs auf einer Europareise (S. 37–40), später zum Beispiel bei der Ankunft der Familie in New York und danach. Er will Mirjam heiraten. Mirjams letzter Begleiter ist nicht Mac (will er nicht mehr, hat er sie verstoßen?), sondern Mr. Glück (S. 92), ein Angestellter Sams. Glück ist undurchsichtig. Hat er wirklich einen „Herzklappenfehler“ (S. 88) und ist daher wehruntauglich, wie er sagt?

Echte Freunde Mendels

Über Mendels Freunde in Amerika, **Skowronnek**, **Menkes**, **Rottenberg** und **Groschel** – zum ersten Mal erwähnt mit ihren Berufsbezeichnungen auf S. 81 – ist zu sagen: Sie erweisen sich als echte Freunde. Denn sie sind im Notfall unaufgefordert zur Stelle (bei Mendels Toben, S. 97), sie diskutieren lange mit ihm und lassen seine besonderen Ansichten gelten (13. Kap.). Sie helfen ihm seelisch und materiell (Mendel darf zu Skowronnek ziehen), und sie teilen die große Freude mit ihm (Schluss des 15. Kap.).

## 3.5 Sachliche und sprachliche Erläuterungen

Wir nennen zunächst die Schlüsselbegriffe des Romans, anschließend erläutern wir Einzelstellen.

### Lehrer

Die Hauptfigur Mendel Singer wird uns als Lehrer vorgestellt (1. Absatz des Romans). Er unterrichtet „zwölf sechsjährige Schüler" (S. 6).

Solche Kleinkinderschulen gibt es in allen jüdischen Gemeinden; die Schule heißt **Cheder** (hebräisch: Zimmer), der Lehrer **Melamed**. Die Kinder lernen hier die Bibel, d. h. das Alte Testament, kennen, und zwar auf hebräisch. Die Juden sind weltweit zerstreut, daher ist

Kinder beim Talmudstudium in Munkacz, Ukraine. Foto undatiert © Bildarchiv Pisarek/ akg-images

die Kenntnis der Religion und der religiösen Pflichten wichtig für ihr Zusammengehörigkeitsgefühl. Da die hebräische Schrift schwer zu lesen ist (Vokale werden nicht geschrieben), sprechen und lernen die Kinder in einer Art Singsang die Texte. So auch bei Mendel Singer („der helle Chor der Kinderstimmen wiederholte Wort für Wort“, S. 13; „Singsang“, S. 24). Im Unterschied zu anderen Lehrern wurden die der Kleinkinderschulen wenig geachtet. Roth schreibt: „Mendel Singers Kinder haben kein Glück! Sie sind eines Lehrers Kinder!“ (S. 58)

Gesellschaftliche Geringschätzung der Lehrer von Kleinkinderschulen

Joseph Roth hielt das Cheder mit seiner abstrakten Textarbeit für eine Überforderung der Kinder (siehe in unseren ‚Materialien‘ den ersten Text, S. 97 dieses Bandes). Roth hat kein Cheder besucht, wohl aber seine Mutter.

### Wunderrabbi

‚Rabbi‘ heißt Schriftgelehrter, Kenner der religiösen Texte. Der „Rabbi“ von S. 9–12 ist ein sogenannter Wunderrabbi; man nennt ihn einen „Heiligen“ (S. 12), und er tut „Wunder“ (S. 58). Deborah sucht ihn mit ihrem behinderten Sohn auf.

Im Judentum gibt es eine spezielle Frömmigkeit, die die Umwelt und die geliebten Mitmenschen in die Religion einbezieht und in der das Fühlen eine große Rolle spielt. Im Roman hängt Deborah, Mendels Frau, dieser Richtung an. Diese Form von Frömmigkeit heißt **Chassidismus** (hebräisch chassid: der Fromme); er ist mit der Mystik der Christen verwandt. Im Chassidismus sind Gesetze, Gelehrsamkeit und Disziplin nicht so wichtig wie im ursprünglichen Judentum. Die Freude am Tanz spielt eine große Rolle; interessanterweise teilt Mendel diese Freude (S. 68, 81), obwohl er sonst dem Chassidismus fern steht. Diese Frömmigkeit war im Judentum des Ostens (Galizien, Polen, Südrussland) sehr verbreitet.

Mittler zwischen Mensch und Gott

Im Chassidismus gibt es auch Aberglauben und die Neigung zu Weissagungen. Die geistigen Führer des Chassidismus sind die Wunderrabbis (oder Zaddiqs, d. h. ‚Gerechten'). Sie gelten als Mittler zwischen Mensch und Gott. Deborah glaubt der Prophezeiung des Wunderrabbis. Mendel lächelt darüber (S. 13), später aber erinnert er sich gern an die Voraussage (S. 123 f.).

## Gebetriemen

Der „Gebetriemen" (S. 33) gehört zum religiösen Leben der Juden wie auch die „Gebetbücher", der „Gebetmantel" und das „Säckchen", in dem vor allem die Bücher aufbewahrt werden (S. 96). Der Gebetriemen enthält zwei kleine Behälter mit Bibelsprüchen. Er wird für das Morgengebet am linken Oberarm, auf der Seite des Herzens also, und am Kopf angebracht und soll ausdrücken, dass man mit dem Herzen und mit dem Verstand Gott dienen wolle. Der Gebetmantel ist ein Umhängetuch aus Wolle, Baumwolle oder Seide für das Morgengebet. Dass Mendel diese Gegenstände verbrennen möchte und dann doch nicht verbrennt (S. 97), zeigt seine innere Qual vor Gott.

## Das Buch *Hiob* des Alten Testaments

Roth spielt im Romantitel darauf an, und die Person Hiob wird genannt auf S. 98: „Erinnere dich an Hiob" und S. 99: Das „Beispiel Hiobs".

Gott stellt Hiob auf die Probe

Im Buch *Hiob*, entstanden um 500 v. Chr., ist Hiob ein schwerreicher, angesehener und frommer Mann. Satan veranlasst Gott, Hiob auf die Probe zu stellen, und Gott lässt Hiob arm, krank und einsam werden. Hiob führt lange Gespräche mit Gott, dem er Vorwürfe macht, und mit Freunden. Durch sein Unglück und auch durch die Gespräche gerät Hiob nahe daran, sich von Gott abzuwenden. Doch er sieht ein, dass ein mächtiger Gott nicht gerecht sein muss, und er hält an seiner Verehrung für Gott fest. Schließlich gibt ihm Gott Reichtum und Gesundheit zurück und schenkt ihm neue Nachkommen.

Vergleich des Romans mit dem Buch *Hiob* des AT

Das Buch *Hiob* beginnt mit den Sätzen: „Es war ein Mann im Lande Uz, der hieß Hiob. Derselbe war schlecht [d. h. schlicht] und recht, gottesfürchtig und mied das Böse.“ Ganz ähnlich beginnt auch Roths Roman. Roths erfundener Ortsname **Zu**chnow erinnert an **Uz**. Der letzte Satz des Buches *Hiob* lautet: „Und Hiob starb alt und lebenssatt.“ Diese Aussage zitiert Mendel Singer für sich selbst gegen Ende des Romans (S. 128).

Der Einfluss dieses Buches ist ein Teil der ‚Intertextualität‘ von Roths Roman.

### Kosaken

„Sie geht mit einem Kosaken“, sagt Mendel über seine Tochter Mirjam, als er sie in der Umarmung mit einem Soldaten sieht (S. 47).

Militärisch organisierte Völkerschaften in Russland

Kosaken waren militärisch organisierte Völkerschaften in Russland, die ihre Tätigkeit oft in den Dienst des Zaren stellten. Mendel benutzt den Ausdruck, wenn er allgemein **Soldaten** meint. Die Angst der Juden vor Soldaten rührt aus der Regierungszeit von Zar Nikolaus I. (1825–1855) her. Juden wurden damals zum Wehrdienst gezwungen, der bis zu 25 Jahren dauerte; während des Dienstes wurden ihnen die jüdischen Gebräuche untersagt, und es wurde ihnen das Christentum aufgezwungen. Massenweise wurden männliche Juden, die noch Kinder waren, vom Staat eingefangen.

Zur Handlungszeit von *Hiob* galt eine gerechte Wehrpflicht, die sich auf alle jungen Männer Russlands im Alter von 21 Jahren bezog, doch die Angst vor dem Militär war geblieben.

Ursachen der Angst

Die Angst hatte weitere Ursachen. Bei manchen der grausamen Pogrome gegen Juden waren Soldaten aktiv. Im jüdischen Gedächtnis waren auch die Untaten der Kosaken um 1650, als sie einen eigenen Staat gründen wollten. 350 000 Juden wurden damals ermordet.

## Die jiddische Sprache

„Der Beamte von der Schifffahrtsgesellschaft [...] verkündete auf Russisch, Polnisch, Deutsch und Jiddisch" seine Anordnungen (S. 67).

Aus dem mittelalterlichen Deutsch entstanden

Jiddisch ist eine Sprache, die aus dem mittelalterlichen Deutsch entstanden ist und hebräische Elemente aufgenommen hat. Die Juden, die im Mittelalter aus Deutschland vertrieben wurden, haben diese Sprache mitgenommen. Jiddisch ist die Mutter- und Alltagssprache vieler Juden, insbesondere in Osteuropa. Mendel ist ein jiddischer Vorname.

Roths Figuren sprechen deutsch, nicht jiddisch

Roth jedoch lässt seine Figuren deutsch sprechen. Er übersetzt sozusagen das Reden auf Jiddisch ins Deutsche und lässt nicht einmal einzelne jiddische Wendungen auftreten. (Russische und englische Wendungen benutzt er gelegentlich; S. 53, S. 70 u. a.) Auch das berühmte Wort ‚Schtetl', das in Osteuropa die jüdischen Kleinstädte und die jüdischen Stadtviertel bezeichnet, erscheint nicht. Allerdings benutzt Roth das Wort „Städtchen" (S. 26, S. 70) und hat dabei wohl an Schtetl gedacht.

Jiddisch „unfein"

Jiddische Sprachbrocken hätten zur Authentizität des Romans beigetragen, doch Roth war das Deutsche wichtig, damit die Personen dem Leser vertraut werden. Roth stand vor Augen, dass das Jiddische bei Christen und sogar bei den Juden der Großstädte (Wien, Berlin) als unfein galt. Er selbst beherrschte das Jiddische, benutzte es aber kaum.

Immerhin an drei Stellen im Roman erfahren wir, dass jiddisch gesprochen wird. Zum einen gibt, wie erwähnt, der Schifffahrtsbeamte seine Anweisungen auch auf „Jiddisch" (S. 67). Sodann wird über den Arzt in der New Yorker Klinik gesagt: „Es war ein

Deutscher, er konnte sich mit Mendel verstehn" (S. 93); Jiddisch und Deutsch sind ja verwandt. Schließlich heißt es: „Kossak sprach den Jargon der Juden mangelhaft" (S. 120). Der ‚Jargon der Juden' ist natürlich die jiddische Sprache. Interessanterweise ist ‚Jargon' oder ‚Schargon' das jiddische Wort für diese Sprache ohne abschätzigen Nebensinn.[8] Unabsichtlich hat Roth hier doch ein jiddisches Wort benutzt!

Nur wenige hebräische Elemente

Auch das Hebräische, die heilige Sprache der Juden, wird von Roth gemieden. Er benutzt zwar die hebräischen Namen Deborah, Jonas, Schemarjah, Mirjam und Menuchim, und er erwähnt die Monate „Ab" und „Elul" (S. 42, S. 103) und die Gebetsworte „Kol Nidre" (S. 74, S. 104). Doch das sind nur wenige hebräische Elemente. Er sagt nicht ‚Cheder' (für Kleinkinderschule), ‚Melamed' (für Lehrer), ‚Zaddiq' (für Wunderrabbi). (Roths Interpreten aber benutzen diese Wörter gern!) Wenn Roth den Wunderrabbi einen „Heiligen" nennt (S. 12), kommt er sogar katholischen Vorstellungen entgegen.[9] Ähnlich liegt der Fall, wenn Roth von „Ostern" und „Osterabend" spricht (S. 108, 115) und nicht das hebräische Wort ‚Pesach' benutzt.

## Grammofon

Es wird auf S. 106 ausführlich erwähnt, vgl. auch S. 73 f., 78, 103.

Vorläufer des Plattenspielers

Grammofon ist ein anderes Wort für einen mechanischen Plattenspieler. Der Amerikaner Thomas A. Edison (*Hiob* nennt ihn S. 82) erfand 1877 eine stanniolbespannte Walze, in die sich Schallschwingungen einritzen ließen, die man abhören konnte. Dieses Tonaufnahmegerät, der Phonograph, ist der Vorläufer des Plattenspielers.

---

8 Siehe Weinstein, S. 65.

9 Tatsächlich neigte Roth im Laufe seines Lebens dem Katholizismus zu. Esther Steinmann bezeichnet ihn in ihrer Roth-Studie als „katholisierenden Juden" (Steinmann, S. 23).

In Deutschland entwickelte 1887 Emil Berliner, ein Jude übrigens, Edisons Konstruktion weiter und erfand die Schallplatte, in die sich Schallschwingungen noch besser eintragen ließen. Im selben Jahr brachte die ‚Deutsche Grammophon-Gesellschaft' die Schallplatte und den Plattenspieler (das Grammofon) auf den Markt. Die Grammofone von 1920 hatten schon eine gute Klangqualität. Ab 1925, mit dem elektrischen Plattenspieler, wurde diese Qualität weiter verbessert. Die Geschichte von Schallplatte und Plattenspieler ging um 1990 zu Ende, als CD und CD-Player an ihre Stelle traten.

## Erläuterung einzelner Stellen

### 1. Kapitel

| | | |
|---|---|---|
| S. 5 | **Mütze** | für Männer während des Gottesdienstes vorgeschrieben, im Ostjudentum ständig getragen |
| | **Seidenrips** | Rips: Gewebe mit geripptem Aussehen, wirkt dekorativ |
| | **Kaftan** | (persisch-türkisches Wort) Übermantel, leicht und eng anliegend; verbreitet unter Ostjuden |
| S. 6 | **memorieren** | auswendig lernen, (halb) auswendig hersagen |
| | **Kopeke** | 100 Kopeken sind 1 Rubel (Zahlungsmittel in Russland). |
| | **Alpaka** | „Neusilber", Legierung aus Kupfer, Zink und anderem, sieht Silber ähnlich |
| S. 7 | **Sabbat** | Der heilige Tag in der Woche für Juden: Samstag. Er beginnt am Freitag Abend mit dem Sonnenuntergang. |
| S. 8 | **Rubaschka** | russ.: Hemd; gemeint ist eine Tracht der Ukrainer |
| | **Epileptiker** | Epilepsie: Störung des Nervensystems mit gelegentlichen Krämpfen bis zur Bewusstlosigkeit |
| | **Fraisen** | süddeutsch, österr.: Krampfzustände bei Kindern |

| | | |
|---|---|---|
| S. 10 | **Trachom** | eine ansteckende Augenkrankheit |
| S. 11 | **Samowar** | russ.: Gerät, um Tee zu bereiten |

## 3. Kapitel

| | | |
|---|---|---|
| S. 18 | **Kirche** | hier vermutlich eine russisch-orthodoxe |
| | **Equipage, Kalesche** | Ausdrücke für Kutsche |
| S. 19 | **Juchten** | mit Birkenrinden gegerbtes, duftendes Leder |
| S. 22 | **Werst** | russisches Längenmaß, gleich 1,067 km |

## 4. Kapitel

| | | |
|---|---|---|
| S. 27 | **Der Mensch muss sich [...]** | Kein Bibelspruch; Ähnliches steht bei Jean de la Fontaine: „Hilf dir selbst, und der Himmel wird dir helfen" (Fabel *Der festgefahrene Kärrner*) und Friedrich Schiller: „Dem Mutigen hilft Gott" (*Wilhelm Tell*, I, 2). |
| S. 30 | **Pogrom-stimmung** | Pogrom: russ.: Verwüstung; siehe im Kapitel ‚Materialien', S. 112 ff. dieses Bandes. |
| | **hohe Feiertage** | im Frühherbst zu Jahresbeginn nach jüdischem Kalender |
| S. 32 | **Samogonka** | russ.: selbst hergestellter Schnaps |

## 6. Kapitel

| | | |
|---|---|---|
| S. 37 | **Kalabreser** | breitrandiger Filzhut (aus Kalabrien in Italien) |
| S. 38 | **Triestiner Schiffsgesell-schaft** | Von Triest aus fuhren Schiffe nach Amerika. |
| S. 39 | **Ararat** | Berg in der Osttürkei, wo die Arche Noah gelandet sein soll |
| S. 40 | **zehn Dollar?** | 1 Dollar = 2 Rubel (= 4,2 Mark) damals |

| | | |
|---|---|---|
| S. 42 | **Monat Ab** | vorletzter Monat im jüdischen Kalender; z. B. im Jahr 2014 (jüdisch: 5774) Beginn des Ab am 28. Juli |
| | **Neumond zu begrüßen** | Monatsanfang ist immer bei Neumond; am Sabbat davor wird er feierlich begrüßt. Der jüdische Kalender hat 12 Monate; in manchen Jahren kommen Schaltmonate hinzu, da sonst jedes Jahr nur 354 Tage hätte. |
| S. 45 | **Thorarollen** | Pergamentrollen, die den Text der Thora (der 5 Bücher *Mosis*) tragen |

## 7. Kapitel

| | | |
|---|---|---|
| S. 49 | **Urjadnik** | russ.: Unteroffizier, Landpolizist |
| S. 53 | **Sidaj!** | russ.: Setz dich! |
| S. 55 | **Gummiarabikum** | Klebstoff, aus Harz gewonnen |
| | **ordinieren** | Sprechstunde haben |

## 8. Kapitel

| | | |
|---|---|---|
| S. 59 | **Sotnia** | russ.: Hundertschaft |
| | **Polubil ja tibia […]** | Russischer Text, die Übersetzung 3 Zeilen danach ist korrekt. |
| S. 63 | **Kopfgeld** | illegale Steuer, von Agenten unterwegs erhoben |
| S. 68 | **Zwischendeck** | niedrigste Passagierklasse, über den Maschinen |
| | **Leviathan** | drachenartiges Meeresungeheuer im Alten Testament (speziell im Buch *Hiob*, Kap. 3 und 40) |

## 9. Kapitel

| | | |
|---|---|---|
| S. 70 | **Karbol** | Desinfektionsmittel |
| | **Quarantäne** | franz.: ungefähr vierzig (Tage); zeitweise Isolierung von Menschen, die vielleicht Krankheiten einschleppen |

## 10. Kapitel

| | | |
|---|---|---|
| S. 73 | **God's own country** | Bezeichnung für Nordamerika, erstmals in der Predigtliteratur der Einwanderer im 17. Jahrhundert |
| | **parlour** | Salon |
| S. 74 | **Kol Nidre** | Gebet am Fest Jom Kippur (Versöhnungsfest, im Herbst) |
| S. 75 | **Vanderbilt** | Cornelius V.: Unternehmer, um 1870 reichster Mann der USA |
| S. 80 | **dass ein Krieg kommen wird** | der Erste Weltkrieg (1914–1918) |

## 11. Kapitel

| | | |
|---|---|---|
| S. 84 | **der Krieg ausgebrochen** | Im Juni/Juli 1914 erklärten Österreich und Deutschland Russland und Frankreich den Krieg. |

## 12. Kapitel

| | | |
|---|---|---|
| S. 88 | **Selcher** | bayer./österr. für: Fleischer, Händler von Geräuchertem |

## 13. Kapitel

| | | |
|---|---|---|
| S. 91 | **Eierbeugel** | Beugel: österr. für: Hörnchen |
| S. 95 | **degenerative Psychose** | Psychose (Geisteskrankheit), die mit geistigem Verfall verbunden ist |
| | **Dementia praecox** | (lat. wörtlich ‚frühzeitig abnehmender Verstand') alter Name für Schizophrenie (Bewusstseinsspaltung) |
| S. 98 | **Isprawnik** | russ.: Kreispolizeichef |
| S. 100 | **habe ich ihn gefürchtet** | hier: ihm Ehrfurcht erwiesen |
| | **damit sie zehn seien** | Mindestens zehn Menschen müssen für einen jüdischen Gottesdienst anwesend sein. |

## 14. Kapitel

| | | |
|---|---|---|
| S. 101 | **Jehovah** | oder Jahwe: Eigenname Gottes in der Bibel |
| S. 103 | **Monat Elul** | Letzter Monat im jüdischen Kalender; z. B. im Jahr 2015 Beginn des Elul am 16. August. Der 16. August 2015 entspricht dem 1. Elul 5775. |
| S. 104 | **Gesang des Kol Nidre** | Das Versöhnungsfest steht also bevor. |
| S. 106 | **Krieg wirklich zu Ende** | Die Friedenskonferenz begann am 18. 1. 1919 in Paris. |
| | **krauten den Bart** | krauen: kräftig kraulen |

## 15. Kapitel

| | | |
|---|---|---|
| S. 110 | **Kowno** | Ein Irrtum Roths; wahrscheinlich muss es Zuchnow heißen. *Hiob* sollte ursprünglich in einem Ort namens Kowno spielen, wie die 1. Zeile der alten Manuskriptseite sagt (siehe Bronsen: *Joseph Roth. Eine Biograpie,* S. 383). Ist mit Kowno die litauische Stadt Kaunas (russ.: Kowno) gemeint? |
| S. 117 | **Prophet Eliahu** | Eliahu (oder Elias) gilt als Vorläufer des Messias, des Erlösers der Juden. |
| S. 118 | **Absingen der Wunder** | die Wunder des Auszuges aus Ägypten |
| S. 119 | **„[...] in Jerusalem!"** | Worte zur Erinnerung an die Heimat der Juden |
| S. 120 | **weißgardistische Armee** | im russischen Bürgerkrieg (1917–1921) |
| S. 124 | **ob du fahren darfst** | für fromme Juden gilt Reiseverbot am Sabbat und feiertags |

## 16. Kapitel

| | | |
|---|---|---|
| S. 128 | **„schöner als alle Frauen"** | dieses und das folgende Zitat angelehnt an: Altes Testament, Buch *Hiob* 42, 15 |

## 3.6 Stil und Sprache

**ZUSAMMENFASSUNG**

Wir zeigen, dass Joseph Roth

→ sachlich erzählt: sein Erzählen ist ein Dokumentieren,
→ spannend erzählt durch häufigen Perspektivenwechsel,
→ Stilfiguren benutzt, wobei er die Adjektive kunstvoll einsetzt,
→ Wiederholungen einfügt,
→ intertextuell arbeitet: Er lässt sich beeinflussen von der Bibel (dem Buch *Hiob*), von Märchen und anderer Literatur,
→ viel Musikalität in seine Sprache einbringt.

Was zieht uns an Joseph Roths Sprache und Stil an? Roth erzählt in einer großen Variationsbreite.

**Sachliches Erzählen**
„Er […] klopfte leise an den hölzernen Laden."
(siehe S. 63 ff. dieses Bandes)

**Freude am Perspektivenwechsel**
„Singsang […] kam ihnen entgegen, ein Mutterlaut, ein Vaterwort".
(siehe S. 65 ff. dieses Bandes)

**einerseits** ⟵ ⟶ **andererseits**

↓

**außerdem**

**Feinheiten des Stils/Stilfiguren**
**Kunst der Adjektive:** Tränen „schmerzlich und süß"
(S. 68 ff. dieses Bandes)
**Kunst des Wiederholens:** „ein gelber Schal, ein gelber Schal"
(S. 71 ff. dieses Bandes)
**Intertextualität:** Bibel- und Märchenmotive
(S. 73 ff. dieses Bandes)
**Erzählen als Musik**
(S. 77 f. dieses Bandes)

Diese Gesichtspunkte stellen wir im Folgenden dar.

### Sachliches Erzählen: Beobachten und Dokumentieren

Ein Ziel Roths ist es, die Welt so darzustellen, wie sie sich unserem Blick bietet; er will dokumentieren. Es geht dabei um das Äußerliche, um das leicht Wahrnehmbare. Wir Leser haben dann den Eindruck, objektiv informiert zu werden. Wir merken fast nicht mehr, dass erzählt wird, sondern haben die Menschen und Dinge selbst vor unserem geistigen Auge.

Eindruck der objektiven Information

Typisch hierfür ist der Eintritt in die Grenzschenke, der so beginnt (S. 35): „Er trat dennoch ans Fenster und klopfte leise an den hölzernen Laden." Wir erfahren die Licht-Erscheinungen („einen breiten Strom gelben Lichts"), das Aussehen der Männer (sie „hockten", „Wachtmeisteruniform"), die Geräusche. Zu nennen ist auch die Beschreibung Menuchims (S. 7 f.): „Im dreizehnten Monat seines Lebens" bis: „wickelte Huflattich um seinen dünnen Hals". Genau beobachtet wird auch die Auswanderer-Baracke, wo vom Schnarchen mit „trockenen Gaumen" die Balken erzittern (S. 67).

Bemerkenswert ist die Situationsbeschreibung, nachdem Kossak bekannt hat, dass er selbst Menuchim ist (S. 123). Hier werden besonders viele Einzelheiten genannt: „Kerzen" und „Schatten", das Abtasten Menuchims durch Mendel („die Hände", „die Knie" usw.). Die Detailfülle ist Teil der Sachlichkeit, zugleich aber werden, weil wir in kurzer Zeit sehr viel erfahren, unsere Emotionen geweckt. Die Grenze des reinen Dokumentierens ist überschritten.

Detailfülle

**Zu diesem ‚sachlichen Erzählen' ein paar Bemerkungen:**

1. In den genannten Fällen beschreibt der Erzähler, was jeder, der auf dem Schauplatz anwesend ist, sehen und hören kann. Man spricht hier vom **neutralen Erzähler** und nennt seine Stellung die **neutrale Erzählperspektive**.
2. Oft teilt der Erzähler sachlich mit, was für das Verstehen der großen Zusammenhänge notwendig ist. Dann ist er ein Erzähler, der über dem Geschehen steht und über alles, was war und ist, Bescheid weiß. Dies ist der sogenannte **auktoriale Erzähler**. Wir erleben ihn im ersten Absatz des Romans („Vor vielen Jahren lebte in Zuchnow") oder zu Beginn des 10. Kapitels, in dem zuerst von Mendels Vorfahren und dann von seinem Heimischwerden in Amerika die Rede ist. Typisch auktorial ist auch der Satz „Noch war Krieg in der Welt" (S. 101).
3. Zu diesem sachlichen Erzählen gehört, dass das Romangeschehen chronologisch abläuft. Ist doch einmal ein Blick in eine zeitlich ferne Nebenhandlung nötig, setzt Roth Briefe ein. Schemarjah schreibt aus New York (S. 37 f.), die Billes und Jonas aus Europa (S. 79 f.). Im Theater spricht man in solchen Fällen von **Botenberichten**.
4. Roths Neigung zum Beobachten, Dokumentieren und sachlichen Erzählen kommt von seiner jahrelangen Tätigkeit als Journalist. Roth meinte eine Zeit lang sogar, das **Beobachten und Dokumentieren** sei die Hauptaufgabe des Romanautors. In dem Vorwort zu seinem Roman *Die Flucht ohne Ende* hatte er 1927, drei Jahre vor der Arbeit an *Hiob*, geschrieben: „Ich habe nichts erfunden, nichts komponiert. Es handelt sich nicht mehr darum, zu ‚dichten'. Das Wichtigste ist das Beobachtete."[10] Dieses war der Standpunkt der sogenannten

---

10 Roth: *Werke Bd. 4*, S. 39.

‚Neuen Sachlichkeit', einer literarischen Richtung, die, von der damaligen Kunst beeinflusst, die objektive Beschreibung aktueller gesellschaftlicher Zustände forderte. Zwar hatte sich Roth in *Hiob* von diesem Konzept gelöst, das Beobachtete war ihm nicht mehr ‚das Wichtigste'. Aber es war ihm immer noch etwas sehr Wichtiges.

## Spannendes Erzählen: Perspektivenwechsel

Personales Erzählen

Roths Erzählen reißt uns dadurch mit, dass oft mitten im Absatz die Perspektive wechselt, das Erzählen geradezu umkippt. Es wurde eine Beobachtung mitgeteilt, ein Faktum dokumentiert, und plötzlich spricht der Erzähler aus einer anderen Position oder Perspektive, aus einer Person heraus. Der neutrale oder der auktoriale Erzähler verwandelt sich in den sogenannten **personalen Erzähler**; wir erleben die ‚personale Erzählperspektive'. Hierzu vier Beispiele:

| DER WECHSEL DER PERSPEKTIVE | ERLÄUTERUNG |
|---|---|
| „Atemlos langten die Brüder zu Hause an, schon fing es an zu dämmern. Sie hörten […] den Singsang der lernenden Kinder. Er kam ihnen entgegen, **ein Mutterlaut, ein Vaterwort,** ihre ganze Kindheit […]." (S. 24) | Es wird geschildert, was visuell und akustisch stattfindet. Doch mit einem Mal ist von „Mutterlaut" die Rede! Der Erzähler verlässt die neutrale Perspektive, er gibt einen **Bewusstseinsbericht** über die Brüder ab: Er wird zum personalen Erzähler. |
| „Deborah griff nach ihrem Schal und ging hinaus. Draußen stand Mirjam […] mit ihren großen schwarzen Augen, die sie weit offen hielt, obwohl sie die Sonne ja blenden musste. **Sie ist schön, dachte Deborah**, so schön bin ich auch einmal gewesen […]." (S. 59) | Deborah und Mirjam werden beschrieben, wie sie jetzt einem Betrachter erscheinen. Doch plötzlich erfahren wir Deborahs persönliche Gedanken; sie werden als **direkte Rede** erzählt (das Wort „ich"!). Die Anführungszeichen fehlen, weil Deborah nur denkt, nicht ausformuliert. Diese Form der direkten Rede heißt **innerer Monolog.** |

| DER WECHSEL DER PERSPEKTIVE | ERLÄUTERUNG |
|---|---|
| „Auf einmal stürzte ein furchtbares Schweigen über die Stube […]. Mirjam, die Tochter, hatte sich rückwärts tastend in die Ecke geschoben, laut pochte ihr Herz, **sie glaubte, alle müssten es hören**." (S. 24 f.) | Das Schweigen und die dadurch herrschende Stimmung werden erzählt, bis unerwartet Mirjams Gefühle ausgesprochen werden. Dies geschieht als **indirekte Rede**. |
| „Der Sabbat verging, den Sonntag verbrachte Mirjam im Kornfeld […]. Den ganzen Tag suchte man sie zu Hause. **Mochte man sie suchen!**" (S. 52) | Der auktoriale Erzähler gibt Informationen über den Ablauf des Tages. Plötzlich erscheint eine Überlegung Mirjams; sie wird als **erlebte Rede** formuliert. |

Die **erlebte Rede**, wie im letzten Beispiel, erscheint häufig bei Roth.

Die erlebte Rede ist eine Nebenform der indirekten Rede; sie drückt aus, was eine Person denkt oder sich sagt, aber ohne ‚inquit'-Formel (d. h. ‚sagte er/sie' oder ‚dachte er/sie') und nicht im Konjunktiv.

**Zum Vergleich: Das letzte Beispiel „Mochte man sie suchen!" lautet**

→ in der indirekten Rede: ‚Sie sagte sich, dass man sie suchen möge.'

→ in der direkten Rede: ‚Sie sagte sich: „Mag man mich suchen!"'

→ in der erlebten Rede – eben wie hier: ‚Mochte man sie suchen!'

Weitere Beispiele für die erlebte Rede

Weitere Beispiele für die erlebte Rede sind: „Jonas schlief jetzt in einer Kaserne" (S. 43, Mendel sagt sich dies), „Jonas war im Krieg und Menuchim in Russland" (auch hier spricht Mendel, S. 85), „ihr galt das Lied einer ganzen Sotnia! Hundert Männer sangen ihr zu" (dies ist Mirjams Gedanke, S. 59), „Ja, Menuchim hatte Recht"/„Er war ein wunderbarer Mensch" (sagt sich Mendel, S. 127, 128).

Eine erlebte Rede ist auch das lange Lob für Amerika („Die Amerikaner waren gesund“ bis „Er wird alles erleben!“, S. 82). Es ist eine erlebte Rede Mendels, und es ist wohl eine wörtliche Äußerung Sams gewesen, die Mendel für sich selbst wiederholt, um sich innerlich stark zu machen.

Lebendigkeit des Erzählens

Der Wechsel zwischen den Perspektiven macht das Erzählen lebendig. Er bedeutet ein Umschalten zwischen Gesehenem und Gedachtem, zwischen Fakten und Kommentar. Der Wechsel macht das Erzählen auch spannend, und zwar dadurch, dass er uns irreführt. Es gibt nämlich Stellen, bei denen man übersieht, dass die erlebte Rede einsetzt; fälschlicherweise denkt man dann, weiterhin werden Fakten berichtet. So ist der Satz über Sam (S. 87) „Nun, er war auf einem längeren Marsch begriffen“ eine erlebte Rede Mendels. Wahr ist vielmehr Sams Tod, der bald danach gemeldet wird. Und in dem Satz „Mendel Singer wusste, dass dieser Brief noch nicht gekommen war“ (S. 77) ist das „noch nicht“ nur gedacht; solch ein Brief kommt nie. Wahrscheinlich ist sogar der seltsam eindeutig formulierte Satz „Er liebte sein Weib und ergötzte sich an ihrem Fleische“ (S. 5) eine erlebte Rede Mendels.

Irreführung des Lesers

Das eindrucksvollste Beispiel für die Irreführung des Lesers ist die Schilderung einer Teuerung. Auf S. 6 lesen wir: „Das Leben verteuerte sich von Jahr zu Jahr. Die Ernten wurden ärmer und ärmer. Die Karotten verringerten sich“ usw. bis zu den Hühnern. Zuerst meint man, der Erzähler melde eine tatsächliche Verschlimmerung. Im nächsten Absatz erfährt man, dass dies Deborahs Worte waren („Also klangen die Klagen Deborahs“), und auf S. 75, wo die lange Klage wiederholt wird, erfährt man, dass Deborah lügt oder übertreibt. Sie will ihr Sparen verbergen.

Zwischen Objektivem und Subjektivem

Gewiss, bei fast allen Aussagen des Romans lässt sich nachprüfen, ob uns Fakten des Romangeschehens oder Gedanken der Personen geschildert werden. Doch die Grenze zwischen beiden kann lange Zeit unklar sein. Wir fühlen uns hin- und herbewegt zwischen dem Wahren und dem Gedachten, zwischen Objektivem und Subjektivem.

Moderne Züge

Der Roman *Hiob* hat damit moderne Züge. Was ist Wahrheit, und was bildet sich der Mensch nur ein? Diese Frage stellt sich beim Lesen. Es ist eine philosophische Frage, die unser Leben grundsätzlich betrifft und die uns gerade heute in der komplizierten Welt immer begleitet. *Hiob* macht uns sensibel für aktuelle philosophische Probleme.

Ganzheitlichkeit

Neuere Philosophen und Physiker sagen, dass man nur dann die Chance hat, die Welt zu verstehen und Wahrheiten zu finden, wenn man sich ganzheitlich verhält – wenn man rational Wahrnehmbares und intuitiv Gespürtes gleichermaßen ernst nimmt. In der Ganzheitlichkeit, die wir später besprechen (S. 88 ff. dieses Bandes), setzt sich die Modernität von *Hiob* fort.

## Stilfiguren: Die Kunst der Adjektive

Einfaches, aber zugleich kunstvolles Erzählen

Joseph Roths *Hiob* ist leicht lesbar, die Sätze sind einfach. Auch da, wo jüdische oder russische Verhältnisse erörtert werden, verstehen wir Roth sofort. Zugleich aber ist Roths Erzählen kunstvoll. Denn er erzählt anders, als wir im Alltag sprechen. Diese Besonderheit des Roth'schen Erzählens rührt vor allem von seinen ‚**Stilfiguren**' (oder ‚**rhetorischen Figuren**'). Stilfiguren sind sprachliche Wendungen, die vom üblichen Sprachgebrauch abweichen und dadurch einen neuen Gedanken betonen. Man kann auch sagen: Stilfiguren sind Formulierungen, die auffallen und so zum Nachdenken anregen. Bei Roth sind es vor allem die Stilfiguren der Adjektive und die Stilfiguren des Wiederholens.

Steigerung der Gedankenführung

**Adjektivreihungen**: Oft setzt Roth mehrere Adjektive hintereinander. „Weiß, geschwellt und kolossal" ist Deborahs Brust (S. 7), und Mac hat „weite, helle, flatternde Hosen“ (S. 37). Das jeweils erste Adjektiv sagt uns Grundlegendes und Normales (weiß; weit), das letzte etwas Außergewöhnliches (kolossal; flatternd). Es geschieht eine Steigerung der Gedankenführung, eine ‚Klimax‘. Eine ähnliche Reihung ist: Deborahs Tränen sind „heiß, stark, groß, salzig, schmerzlich und süß“ (S. 17). ‚Heiße Tränen‘ ist ein gängiger Ausdruck, doch dass Tränen, so zum Schluss, ‚süß‘ werden, ist eine ungewohnte Aussage. Deborah hat beim Weinen angenehm-beruhigende Empfindungen.

Ein weiteres Beispiel: In der Anstalt haben die Kranken ein „wildes, verkniffenes, zerrissenes, böses Gesicht“ (S. 94). Ein ‚wildes‘ Aussehen ist nichts Besonderes, doch die Schilderung steigert sich bis zum ‚bösen‘ Aussehen.

Menuchims erster Ruf „Mama“

Eine Steigerung der Adjektive ist auch dort, wo es um Menuchims ersten Ruf „Mama“ geht, zu finden. Für Deborah ist dieses Wort „erhaben wie eine Offenbarung“, „mächtig wie ein Donner“ und am Ende dann „süß wie eine süße Frucht“ (S. 17). Zuerst erfahren wir hier, dass Deborah aufmerksam hinhört („Offenbarung“), am Ende wird ausgedrückt, dass sie von einem schönen Gefühl erfüllt ist.

Mendels Betrachtung des Fotos von Kossak

Eine sehr auffällige Reihung von Adjektiven haben wir, als Mendel das Foto von Kossak betrachtet. Die Stirn erscheint ihm „breit und weiß“ wie ein „glatter besonnter“ Stein, die Augen sind „groß und hell“, sie machen „fröhlich und leicht“, wirken „alt“ und „jung zugleich“ (S. 114). Durch diese Doppelungen der Adjektive wird das Erzählen rhythmisch und beschwingt, zumal Visuelles und Seelisches gleichermaßen erscheinen. Solche Mannigfaltigkeit der Eindrücke wird immer dann erweckt, wenn Roth sehr viele Adjektive aneinanderreiht. So auch in der Beschreibung des nächtlichen New York, die mit dem „geröteten Himmel“ beginnt (S. 125). Eine andere Adjektivreihung zeigen uns Mendels Gefühle für Menuchim.

Mendel sieht ihn an als „den treuesten aller Toten, den weitesten aller Toten, den nächsten aller Toten“ (S. 94). Die Sehnsucht spiegelt sich in den drei Adjektiven: Mendel denkt an ihn – er erscheint Mendel ‚treu‘, d. h. geistig gegenwärtig –, er beklagt die Entfernung – ‚weit‘ –, und er denkt im Herzen an ihn – ‚nah‘. Die Benutzung der Superlative (‚treuesten‘ usw.) unterstreicht die Intensität der Gefühle.

Schmerz und Jubel?

**Scheinbar falsche Adjektive**: Roths Erzählen wird auch dadurch spannend, dass er vor ein Nomen ein Adjektiv setzt, das unlogisch wirkt. Er sagt, ein „großer schmerzlicher Jubel“ habe Mendel ergriffen (S. 97). Können Schmerz und Jubel gleichzeitig sein? Jedenfalls tritt Mendels Seelenlage mit dieser Wendung deutlich hervor: Sein Schicksal schmerzt ihn, doch er ist froh, weil er Gott gegenüber sein Selbstbewusstsein findet. Entsprechend heißt es vorher: Er „genoss […] sein Weh mit Triumph“ (S. 96). Über Deborah lesen wir, sie behandle den kleinen Menuchim mit einer „rasenden Zärtlichkeit“ (S. 11). Sie ist eben keine sanfte Natur. Eine solche scheinbar widersprüchliche Verbindung zweier Wörter heißt **Oxymoron** (sprich: oxý–; griech. wörtlich: das Scharfsinnig-Dumme) oder **Contradictio in adiecto** (lat.: Widerspruch in der Beifügung). Ein besonderes Stimmungsbild liefern diese Oxymora: „warmer Schnee“ (S. 23), „ein klingendes Schweigen“ (S. 39).

Lauschendes Licht?

Ein anderes scheinbar falsches Formulieren ist dieses: Ein an sich zutreffendes Adjektiv wird an das falsche Nomen geheftet. Diese Stilfigur heißt **Enallage** (sprich: –géh; griech. Vertauschung). Etwa lesen wir, in Menuchims Augen stehe „das lauschende Licht“ (S. 29). Natürlich lauscht nicht das Licht. Die beiden Gedanken ‚Menuchim lauscht‘/‚seine Augen zeigen es‘ werden in einer Formulierung zusammengezogen. Ähnlich ist es, wenn Deborahs „junge Wärme“ erscheint (S. 129). Gemeint ist ihre körperliche Wärme, als sie jung war.

Andere Beispiele von Enallage sind: „mit […] genießenden Nasenlöchern" (S. 32), „in der gütigen Nacht" (S. 36), „in der braunen Jugend des Angesichts" (S. 19), aus „fleißigen Schornsteinen" (S. 36). Besonders schön ist die Enallage „auf koketten Zehen" (S. 32). Kokett sind nur Menschen; Mirjam ist dadurch kokett, dass sie auf nackten Zehenspitzen geht.

## Stilfiguren: Die Kunst des Wiederholens

Wiederholungen und Parallelismen liegen vor, wenn Gleiches oder Ähnliches mehrfach gesagt wird. In Menuchims Augen stand „das lauschende Licht" (S. 29), und diese Beobachtung wiederholt sich später als Erinnerung wörtlich (S. 111, 116). S. 34 heißt es: „Es war eine stille Nacht", und in der nächsten Zeile: „Stille der Nacht". Solche, sachlich gesehen, überflüssigen Wiederholungen führen uns schrittweise in die Atmosphäre ein. Ähnlich ist es mit dem Satz „Wir fahren nach Amerika" (S. 48), der in ähnlicher Form mehrfach auftritt und nach und nach die Stimmung von Unruhe und Abreise schafft. (Schon S. 40 „Wer fährt und wohin?"/„Nach Amerika", dann S. 47 „nach Amerika fährt man"; siehe vor allem S. 61 f.)

Einführung in die Atmosphäre

Oft wird durch eine Wiederholung ein Sachverhalt endgültig geklärt. „Die Russen siegen" (S. 86), sagt Mendel, doch erst wenn wir später lesen „Die Russen siegten" (S. 86), erkennen wir es als eine wahre Aussage. Ähnlich ist es, wenn Schemarjah schreibt, Mac „ist besser als zehn Juden" (S. 37), und später Mendel bemerkt: „Er war geschickter als zehn Juden" (S. 75). Mit dem Wort ‚geschickter' wird der Sachverhalt präzisiert. Beachten wir noch die Mitteilung „Es war Frühling" (S. 108). Sie bekommt ihren Glanz, ihre Stimmung der Vorfreude dadurch, dass sie am Anfang eines Absatzes steht. In der Zeile davor, am Absatzende, wo sie zum ersten Mal erscheint, liest sie sich noch wie eine banale Erklärung zu den Reinigungsarbeiten.

Klärung eines Sachverhaltes

Absichtliche Ermüdung

Dabei können Wiederholungen auch ermüdend sein. „Für die Almosen dankte er nicht, die Grüße erwiderte er kaum" usw. steht auf S. 102, und fast genau so findet es sich auf S. 105. Wir Leser können diese ausführliche Wiederaufnahme kritisieren, doch spüren wir jetzt, wie öde Mendels Tage ablaufen.

Gedanke bleibt in Erinnerung

Eine Form der Wiederholung sind auch parallele sprachliche Strukturen. „Amerika drang auf ihn ein, Amerika zerbrach ihn, Amerika zerschmetterte ihn" (S. 72). Aufeinanderfolgende Sätze beginnen mit denselben Worten; diese Stilfigur heißt **Anapher**. Die Anapher sorgt dafür, dass wir an einem Gedanken über mehrere Sätze hinweg festhalten. Eine andere Anapher ist: „Er hat keinen Sohn, er hat keine Tochter, er hat kein Weib" usw. (S. 96 f.) oder: „Wie zwei kleine Stäubchen wurden wir verweht. Wie zwei kleine Fünkchen sind wir erloschen" (S. 91). Anaphern haben etwas Formelhaftes an sich.

Betonung des visuellen Eindrucks

Noch weiter in der Formelhaftigkeit geht Roth, wenn er, um einen visuellen Eindruck zu betonen, einfach dasselbe Wort mehrfach hintereinandersetzt. „Weiß, weiß, weiß" ist die Landschaft (S. 24), und Mendel beobachtet einmal Mirjam mit ihrem Schal: „ein gelber Schal […], ein gelber Schal, ein gelber Schal" (S. 44).

Wiederholungen in Motiven

**Zum Thema ‚gelb'!** Wiederholungen und Parallelismen sind nicht nur in Sprache und Stil, sondern auch in den Motiven zu finden. Mirjam erscheint immer wieder mit dem „gelben Schal" (z. B. S. 41, 44), und sie liebt die gelben Felder (S. 61). Das Gelb wird gelegentlich zu „goldgelb" (S. 19, S. 127) oder „goldüberglänzt" (S. 60) gesteigert.

Bedeutung der Farbe Gelb

Gelb ist die Farbe des Lichtes, der Sonne, des freien Lebens. Gelb gilt aber auch als giftige Farbe (den Judenstern wollten die Nazis in gelber Farbe haben!) und als die Farbe des Verrats. In der psychiatrischen Anstalt sind in den Vasen „gelbe Schlüsselblumen" (S. 94).

Mendel erschrickt angesichts dieser Farbe: „Ein gelber Schal" leuchtete auf, „Mendel schloss die Augen" (S. 44). Kurz danach heißt es: „Das gelbliche Licht der Kerzen [...] vertrieb das Dunkel nicht, sondern schien sich eher in diesem zu bergen." (S. 46) Das Gelb strahlt nicht, Mendel fühlt sich elend wie „in der gelben Wüste" (S. 46).

### Intertextualität

An welche andere Werke der Weltliteratur erinnert uns Joseph Roths Roman *Hiob*? Für solche Fragen ist der Begriff der Intertextualität zuständig.

Intertextualität heißt ‚Verwandtschaft von Texten' oder ‚Beziehungen zwischen Texten'. Der Begriff wurde um 1970 von der bulgarisch-französischen Psychologin und Literaturwissenschaftlerin Julia Kristeva (geb. 1941) eingeführt. Die Anhänger dieses Begriffes sagen, dass alle literarischen Texte in ihrer Gesamtheit eine eigene Welt bilden. Ein Dichter, ein Romanautor denkt sich hiernach nicht neue Handlungen und neue Situationen aus, sondern er begibt sich geistig in die Welt der Texte, wo er aus dem Vorhandenen Neues schafft. Er hat viel gelesen, er hat schon als Kind Sprüche, Berichte, Gedichte aufgeschnappt. Indem er schreibt, benutzt er das Textmaterial, das er innerlich gespeichert hat. Dieser Rückgriff des Autors auf Texte kann bewusst sein, ist aber zumeist unbewusst. Schon früher, ehe es den Begriff der Intertextualität gab, hat man sich gefragt, von welchen Werken ein Autor sich hat anregen lassen. Man meinte damit die bewusste Beeinflussung, man betrieb Quellenforschung. Die Intertextualität ist die Fortsetzung der Quellenforschung ins Unbewusste.

Beziehungen zwischen Texten

Quellenforschung ins Unbewusste

Auf welche Texte also hat Roth, bewusst oder nicht, zurückgegriffen?

Das Buch *Hiob* des Alten Testaments

Als erster ist der literarische Text zu nennen, der im Romantitel erscheint: Das **Buch *Hiob*** des Alten Testaments. Der Anfangs- und der Schlusssatz des Buches *Hiob* finden sich im Roman *Hiob* wieder. Darüber haben wir auf S. 53 f. dieses Bandes gesprochen.

Vergleich der Figuren Hiob und Mendel

Man stellt fest: Wie den frommen Hiob treffen den frommen Mendel Singer die Schicksalsschläge, beide sehen sich von Gott ungerecht behandelt, beide diskutieren mit Freunden, und beiden geht es am Ende wieder gut. Allerdings wird Mendel, als Konsequenz aus seinem Leiden, so zornig auf Gott, dass er die Verehrung ablehnt, während der originale Hiob gottergeben bleibt. Auch wird Mendels Unglück, anders als das Hiobs, mit dem Schicksal einer ganzen Familie verknüpft. Dass Mendel wenigstens für kurze Zeit wohlhabend ist („fünfzehntausend Dollar auf einen Schlag“ hat sein Sohn eingenommen, S. 78), passt zu dem biblischen Vorbild.

Mendels Freunde erinnern bei ihrem Argumentieren (im 13. Kapitel) an Hiob; etwa sagt Rottenberg: „Auch er [d. h. Hiob] lästerte Gott. Und doch war es nur eine Prüfung gewesen“ (S. 98).[11] Im Gespräch sagt Mendel über Gott: „Alle Pfeile aus seinem Köcher haben mich schon getroffen“ (S. 100), und im Buch *Hiob* (16, 13) steht: „Er hat mich umgeben mit seinen Schützen; er hat meine Nieren gespalten [...].“ Ebenso findet sich Mendels Todessehnsucht („dass man mich auslösche aus dem Buch der Lebendigen“, S. 91) schon im 3. Kapitel des Buches *Hiob*. So wie Mendel hat bereits der biblische Hiob Streit mit seiner Frau (Buch *Hiob* 2, 9 f.).

Vergleich der sprachlichen Besonderheiten

Auch sprachliche Besonderheiten hat Joseph Roth dem Buch *Hiob* entlehnt, etwa die Verwendung des Wortes ‚also‘ im Sinne von ‚so‘, ‚so sehr‘. „Also wanderte er durch die Zeit dem Greisenalter

---

11 Genauer (so der Literaturwissenschaftler Hans Otto Horch): „Es entspinnt sich ein Gespräch über den biblischen Hiob, das wie ein Kommentar zur Urschrift anmutet: Alle wesentlichen Argumente des Buches *Hiob* tauchen auf und werden unter Bezug auf eben den biblischen Text ausgetauscht." (Horch, S. 218).

entgegen“ (S. 77), „Also klangen die Klagen Deborahs“ (S. 6), die Nachbarn hörten Mendel „also schreien und poltern“ (S. 97), „Also saßen sie einander gegenüber“ (S. 118). Im biblischen *Hiob* heißt es: „Ja, ich weiß gar wohl, dass es also ist“ (9, 2), und: „Also tat Hiob allezeit“ (1, 5). Ähnlich lauten Stellen auch sonst in der Bibel.

Die Josephsgeschichte und das *Hohelied Salomos*

Die **Bibel** hat, auch abgesehen vom Buch *Hiob*, Roth beflügelt. Über das Liebespaar Mirjam und Iwan heißt es: „Noch ehe sie niedersanken, schienen sich die Ähren zu legen.“ (S. 61). Ähnliches berichtet die Bibel in der Josephsgeschichte: Von selbst bewegen sich die Ähren in einem Traum Josephs, um sich vor ihm zu verneigen (1. *Mosis* 37, 7). Die Attentate der drei Geschwister auf Menuchim (S. 14 f.) haben ihr Vorbild in den Mordversuchen an Joseph, die seine Brüder unternehmen (1. *Mosis* 37, 20–24). Menuchim kommt zu Erfolg fern der Heimat, und ebenso ist es dem biblischen Joseph (in Ägypten) ergangen. Die erotisch attraktive Mirjam wird eine „junge Gazelle“ genannt (etwa S. 5, S. 127); und das *Hohelied Salomos*, die berühmte Liebespoesie des Alten Testaments, sagt (*Hohelied* 4, 5; 7, 4): „Deine zwei Brüste sind wie zwei junge Rehzwillinge“. (Manche Bibelübersetzungen sagen sogar: „Zwillinge von Gazellen“!) Schon im *Hohelied Salomos* spielt das Feld als Treffpunkt für Liebespaare eine Rolle („Komm, mein Freund, lass uns aufs Feld hinausgehen“; *Hohelied* 7, 12). Menuchim ruht in einem Weidenkorb (S. 7), und in einem Weidenkorb wurde das Kind Moses ausgesetzt. Einmal denkt Mendel an den Auszug seiner „Ahnen“ mit Moses durch die Wüste (S. 71).

Jesu Gleichnis vom ‚Verlorenen Sohn‘

Sogar das **Neue Testament** ist bei Roth gegenwärtig. Am Osterabend, im 15. Kapitel, wird Menuchim von seinem Vater nicht erkannt, und das ist eine ähnliche Situation wie beim Osterabend in Emmaus – *Lukas* 24, 13–35 berichtet darüber –, als die Jünger den auferstandenen Christus lange Zeit nicht erkennen. An einer Stelle erscheint Menuchim wie Christus, der für andere leidet: Es schien, „als hätte der kleine Menuchim die ganze Anzahl menschlicher Qualen auf sich genommen" (S. 20). Und wenn wir lesen, „sein verlorener Sohn Jonas kam ihm in den Sinn" (S. 43), denken wir an Jesu Gleichnis vom ‚Verlorenen Sohn' (*Lukas* 15, 11 ff.).

*Schneewittchen*

*Die Schneekönigin*

*Der kleine Däumling*

*Rapunzel*

Auch die **Märchen** sind in Roths Roman sichtbar. Die in einer Anstalt untergebrachte, nicht ansprechbare Mirjam ruht dort in einer Art Sarg (S. 95), also wie Schneewittchen am Ende des Grimm'schen Märchens, ehe sie der Königssohn erweckt. In der einsamen Grenzschenke scheint das Motiv der märchenhaften Räuberherberge wider; etwa aus Hans Christian Andersens *Schneekönigin*. Ein typisches Märchenmotiv ist auch der Moment, wo sich Deborah und Mirjam im Streit gegenüberstehen und von „hässlichen Müttern" und „schönen Töchter[n]" die Rede ist (S. 60). In den Märchen gibt es oft die Stiefmutter, die die schöne Tochter attackiert. Dass Menuchim bis zu seinem 16. Lebensjahr nur wenig wächst und dann doch Erfolg hat, ist eine Anlehnung an das Grimm'sche Märchen vom *Kleinen Däumling*, wo der verwachsene kleine Sohn große Heldentaten vollbringt. Mirjams Zöpfe, die „bis zu den Schenkeln reichten" (S. 51), lassen an das Grimm'sche Märchen *Rapunzel* denken.

Zweiteilung: Europa – USA

Noch zu dem **Motiv Auswanderung**! Eine Besonderheit ist, dass Roths Roman zur Hälfte in Europa und zur Hälfte in den USA spielt. Eine ähnliche Zweiteilung (Frankreich/Louisiana) hatte schon der berühmte Roman *Manon Lescaut* (1731) des Franzosen Abbé Prévost. Der bekannteste deutsche Roman vor *Hiob*, der diese Zweiteilung hat, ist *Quitt* (1890) von Theodor Fontane, in dem ein straffällig Gewordener von Schlesien nach Oklahoma flieht. Amerika als Auswanderungsziel ist in der Literatur des 19. Jahrhunderts ein gängiges Thema; so bei Karl May. 1925 hat Alfred Kerr seinen Amerika-Reisebericht *Yankee-Land* publiziert. Kerrs begeisterte Schilderungen der amerikanischen Großstadt haben vielleicht *Hiob*, speziell die Hotelszene im letzten Kapitel, beeinflusst.

Halten wir noch fest: Mit Intertextualität ist etwas Lebendiges gemeint. Bei Fragen der Intertextualität geht es nicht eigentlich darum, auf die wissenschaftliche Suche nach Werken zu gehen, die ihren Einfluss ausgeübt haben könnten. Vielmehr soll man bei der Lektüre in sich hineinhorchen und darauf achten, welche Lese-Erinnerungen aufsteigen.

Lese-Erinnerungen

## Schlussüberlegung: Roths Erzählen als ‚Musik'

Stilfiguren und andere Besonderheiten prägen, wie wir gesehen haben, Joseph Roths Erzählen. Man kann sie sorgfältig aufdecken, doch kann man sich als Leser auch anders verhalten. Man kann die Sprache und die Stilfiguren auf sich einwirken lassen, ohne nach exakten Bedeutungen und Logik zu fragen. Der Text hat eine ‚Musik', auf die wir hören sollten – ähnlich wie Kinder mit Begeisterung Märchen hören, ohne die Feinheiten des Sinns erfassen zu können.

Das Essenzielle wird im musikalischen Aspekt vermittelt

Man sollte bereit sein, den Roman *Hiob* auf diese naive Weise zu lesen und so in seine Atmosphäre eindringen. Ein Interpret schreibt über *Hiob*:

> „Im musikalischen Aspekt der Sprache, in Klang, Melodie und Tonfall und nicht in der sich aus Wort- und Satzinhalten objektivierenden Bedeutung wird das Essenzielle vermittelt."[12]

Man muss einige Absätze laut lesen: Etwa den Schluss des 8. Kapitels, von Mendels Segen und dem Dröhnen der Sirene bis zu dem Satz: „Nur der Himmel blieb still und blau, blau und still". Oder (ab Seite 11 unten) die grandiose Beschreibung der Stimmung beim Wunderrabbi – es wird da so viel aufgezählt, dass man gedanklich den Einzelheiten ohnehin kaum mehr folgen kann.

Tipp: laut lesen!

---

12 Obermayer, S. 238.

„Biblische Musik"

Joseph Roth war sich der Musik, die in seinem Erzählen liegt, sehr bewusst. Er hat 1934 in einem Interview gesagt: „Das Wesentliche eines Romans [...] ist der Rhythmus. Immer bin ich besessen von einem musikalischen Thema. Bei *Hiob* war es biblische Musik."[13] Einige Stellen des Romans erklären uns, dass der Klang wichtiger sein kann als die Bedeutung. Mendel, beim Beten, „dachte nicht an die Bedeutung der Worte, ihr Klang allein genügte" (S. 66), und beim Wiedersehen mit Schemarjah in New York hören seine Eltern „nur die Stimme, nicht die Worte" (S. 70). Die Musik bekommt eine universale Kraft in dem Moment, als Mendel ‚Menuchims Lied' hört und darin die ganze Welt erahnt (S. 107). Parallel dazu wird Menuchims Intelligenz durch Töne geweckt, durch das Teeglas-Klingeln (S. 28 und S. 126).

Jüdische Tradition

Beachten wir auch: Mendels Schüler lernen die Bibelverse im „Singsang" (S. 7, 24), die Verbindung von Musik und Sprache in *Hiob* hat ihre jüdische Tradition.[14]

Gustav Mahler

Darüber hinaus war das Thema Musik in den zwanziger Jahren in Künstlerkreisen sehr aktuell. 1911 war ‚Das Lied von der Erde' des Komponisten Gustav Mahler aufgeführt worden, eine Sinfonie, die europäische und außereuropäische Musiktraditionen vereint. Roth hat bei ‚Menuchims Lied' wahrscheinlich auch an Mahler gedacht.

---

13 Übersetzung M. L. Im Original: „L'essentiel d'un roman, [...] c'est le rythme. Toujours je suis hanté par un thème musical. Pour Job, ce fut de la musique biblique." Das Interview (durch den bekannten Journalisten Frédéric Lefèvre in den Pariser ‚Nouvelles littéraires' am 2. Juni 1934) ist wiedergegeben in Lunzer (2008), S. 78–80 (Zitat S. 80).

14 Astrid C. Nervik beschreibt in ihrem Werk über Roth die Klangwelt Galiziens.

## 3.7 Interpretationsansätze

ZUSAMMENFASSUNG

Der Roman *Hiob* lässt sich so zusammenfassen: *Hiob* ist ein Roman über einen frommen **Juden** und seine **Familie**, der mit dem **wunderbaren** Wiedersehen von Vater und Sohn endet. Die drei Stichwörter ‚Jude', ‚Familie' und ‚wunderbar' leiten unsere Überlegungen. Hier ein Ausblick:

**Joseph Roth: *Hiob* (1930)**

**In einem Satz:**

*Hiob* ist ein Roman über einen frommen **Juden** und seine **Familie,** der mit dem **wunderbaren** Wiedersehen von Vater und Sohn endet. „Mendel Singer […] war fromm, gottesfürchtig und gewöhnlich, ein ganz alltäglicher Jude." (Erste Seite des Romans)

↑

**Stichwort Jude:**

*Hiob* ist ein **jüdischer Roman.**
Er berichtet über Sitten und das bittere Leben im Ostjudentum.
Er fragt nach der Überlebenskraft jüdischer Vorstellungen und zeigt den Assimilationsprozess der Juden.

**Stichwort Familie:**

*Hiob* ist ein **Familienroman.**
Er beschreibt die Generationenkonflikte und die sich daraus ergebenden Lebensschicksale und psychischen Spannungen.

**Stichwort wunderbar:**

*Hiob* ist ein **modernes Märchen.**
Der Roman enthält Märchen-Elemente, die das Geschehen zeitlos machen.
Der Schluss ist ein märchenhaftes Glück, das erzählerisch sorgfältig vorbereitet wird.

↓

**Ein Ziel des Romans: Die Ganzheitlichkeit**

„So grüßte Mendel Singer die Welt." (Vorletzte Seite des Romans)
„Und er ruhte aus von der Schwere des Glücks und der Größe der Wunder." (Letzter Satz)

## *Hiob* als jüdischer Roman

Juden im Russland der Jahrhundertwende

Der Roman berichtet über Juden, ihre ärmliche Lage und ihre Kultur in Russland um 1900, und er beschreibt ein typisches Schicksal dieser Menschen, die Auswanderung nach Amerika. Jüdische Sitten werden vorgestellt: Das Gewicht des Sabbats (S. 51), der Ernst und die frohe Stimmung des Osterfestes (S. 115–119), die Begrüßung des Neumondes (S. 42). Man hört von den Bethäusern als den Zentren des jüdischen Gemeindelebens (S. 45, 55, 103), von den Festvorbereitungen (S. 108 f.) und von den Reiseverboten am Feiertag (S. 124).

Angst

Ein Thema ist die Angst, die nach leidvollen Erfahrungen die Juden in Russland ergreift: Angst vor „Pogromstimmungen" (S. 30), vor „Uniformierten" (S. 49, sogar noch in Amerika S. 69, S. 105), und davor, ihre religiösen Gebote aufgeben zu müssen („Milch und Fleisch" zusammen zu essen, S. 9; „Schweinefleisch" beim Militär, S. 20). Man erfährt, wie grob die Juden behandelt werden: bei der Einschiffung in Bremen (S. 67 f.) und auf der zaristischen Behörde („du Tepp", S. 54).

Bericht von einer verschwundenen Kultur

Damit wird der Roman auch historisch wertvoll. Die Nazis haben in den Jahren 1941 bis 1944 bei ihrem Einmarsch in Osteuropa die jüdische Bevölkerung der Ukraine und Galiziens umgebracht. Sie haben das Ostjudentum ausgelöscht. Für uns heute ist *Hiob* der Bericht von einer verschwundenen Kultur.

Mendel Singer

Mendel Singer, die Hauptperson, ist nicht nur Jude, sondern er ist sogar ein Lehrer der jüdischen Kultur.[15] Mendels Intellekt ist jüdisch geprägt. Getreu der überlieferten jüdischen Vorstellung empfindet er seinen Gott als einen individuellen Gott, der alles Geschehen

---

15 Das „Wort Gottes […] bedeutet für Mendel Singer sowohl Lebensunterhalt wie Lebensgesetz" (Rosenfeld, S. 233).

der Welt bestimmt, den man im Gebet ansprechen und auf den man sogar „böse“ (S. 97) sein kann. Mendel bekennt sich deutlich zu seinem jüdischen Glauben; „ich bin ein russischer Jude“, sagt Mendel stolz (S. 89), obwohl er sich in Amerika eingelebt hat. Gerade sein Zorn auf Gott zeigt, wie stark er sich in seiner Religiosität als Jude fühlt. In diesem Sinn gilt die Aussage vom Romanbeginn, Mendel sei „ein ganz alltäglicher Jude“ (S. 5, wiederholt auf S. 81) am Ende immer noch.

Deborah

Mendels Frau Deborah vertritt den Chassidismus, eine erdverbundene Form jüdischer Frömmigkeit.

Grundkonzept des Romans

Nicht nur einzelne Motive, sondern auch die Grundkonzeption des Romans stehen in jüdischer Tradition. Mit der Hauptfigur Mendel ist der Roman an das Buch *Hiob* des Alten Testaments angelehnt, und es sind noch andere jüdisch-biblische Mythen in den Roman eingegangen. (Wir haben dies auf S. 74 ff. dieses Bandes besprochen.)

Welt des Umbruchs und der Auflösung

Darüber hinaus entfaltet der Roman eine eigene Dynamik. Er zeigt, dass die jüdischen Lebensformen gefährdet sind, ja er spielt in der „jüdischen Welt des Umbruchs und der Auflösung“[16]. Über Mendels Freunde in Amerika heißt es: „Viele Bräuche hatten sie vergessen“ (S. 98); Menuchim, am Ende angesehener Musiker, kann sich nicht mehr wie ein Jude verständigen (S. 120); Schemarjah wird erfolgreicher Geschäftsmann durch seinen nichtjüdischen Freund Mac und seine moderne amerikanische Lebensweise. Amerika ist ein Land, wo für einen frommen Juden „Göttliches und Teuflisches in Konfusion geraten sind“[17]. Der sogenannte Assimilationsprozess

16 Kuschel, S. 179.
17 Schrey, Teil V, Abschnitt 4.3. (http://home.bn-ulm.de/ulschrey/roth/).

der Juden, ihr Anpassen an den Lebensstil ihrer Umgebung und ihr teilweises Verzichten auf ihre Lebensregeln, wird damit literarisch erfasst und in den verschiedenen Personen nuanciert dargestellt.

Segen und Verderben

Das Abrücken von jüdischen Sitten kann zum Segen führen – so im Falle Menuchims – oder ins Verderben – so im Falle Schemarjahs; er stirbt als Kriegsfreiwilliger der USA. Mendel steht in der Mitte: Die Einflüsse der neuen Zeit bringen ihm Unglück, aber auch, im Romanschluss, Glück. Die Frage nach dem Sinn, dem Segen und der Überlebenskraft jüdischer Sitten ist damit ein Hauptthema des Romans.

## *Hiob* als Familienroman – und das Motiv Amerika

*Hiob* handelt von dem Konflikt zwischen Eltern und Kindern.

Konflikt zwischen Eltern und Kindern

Die Kinder wollen das Leben der Eltern nicht mehr teilen. Die Tochter Mirjam, eines der vier Kinder der Familie, sucht sich Liebhaber unter den Soldaten, Jonas möchte zum Militär gehen und zieht unangekündigt von zu Hause weg, wo er es nicht mehr „aushalten“ kann (S. 32), und Schemarjah, den Kaufmannsberuf im Sinn (S. 23), flieht nach Amerika. Dieses Streben der Kinder ist zunächst eine Flucht aus der räumlichen Enge, dem ärmlichen Ein-Zimmer-Haus. Die Kinder suchen buchstäblich das Weite. Die Auswanderung der Familie nach Amerika ist die konsequente Fortsetzung des Strebens der Kinder.

Auswanderung

Diese Auswanderung wird von dem dorthin desertierten Schemarjah angeregt, der Anlass für die Auswanderung sind Mirjams Eskapaden, die für die Eltern untragbar sind („Ein Unglück schwebt über uns, wenn wir bleiben“, sagt Mendel; S. 46). Der Aufbruch nach Amerika entspringt also einem Generationenkonflikt.

Die Familie zerbricht

Mendel und Deborah haben für sich und ihre Kinder einen Lebensstil der Frömmigkeit vorgesehen, Mendels Lehrerberuf ist eine Familientradition (S. 28) – von beidem wenden sich die Kinder ab. Mirjam geht so weit, dass ihre Mutter vor ihr „Schrecken“ empfindet (S. 59), Jonas wird seinem Vater zeitweise völlig fremd (S. 32). Die Familie zerbricht, und zwar hauptsächlich von innen heraus. Zu diesem Prozess des Zerbrechens der Familie gehört auch die Belastung, die vom Jüngsten ausgeht, dem behinderten Menuchim.

Akzeptanz der Erscheinungsformen unseres menschlichen Daseins

In den Familienkonflikten fällt der Roman **keine moralischen Urteile.** Die Verschiedenheit der Menschen und das neue Denken der jungen Generation werden als Erscheinungsformen unseres menschlichen Daseins akzeptiert. Hätte Mirjam, die im Wahnsinn endet, ein glücklicheres Leben gehabt, wenn sie daheim, in der Enge, geblieben wäre? Gewiss ist Schemarjah in seiner Amerika-Begeisterung weit gegangen, als er freiwillig US-Soldat wird und dann im Krieg fällt, aber hätte er, der den Kaufmannsberuf liebte, sich ohne diese Begeisterung so gut entfalten können? Und wäre für Jonas, den russischen Soldaten, ein anderes Leben vorzuziehen gewesen? Der Roman lässt die Heranwachsenden mit ihrem Streben gelten, so wie sie sind.

Zusammengehörigkeitsgefühl lebenswichtig

Bei alledem gibt es auch Spannungen zwischen den Eltern. Und, wie in Generationenkonflikten üblich, gibt es auch Selbstvorwürfe der Eltern („Ein schlechter Vater war ich“, S. 127), und es gibt versteckte Gemeinsamkeiten zwischen Jung und Alt. Schemarjah wird von seinen Eltern bewundert. Mehr noch, Deborah denkt über Mirjam: „Vielleicht hat sie Recht.“ (S. 59, auch S. 60), und in Amerika flüstern die beiden miteinander (S. 74, 82). Selbst Jonas, der Soldat, findet Achtung bei seinen Eltern (S. 63). Damit macht der Roman sogar deutlich, dass Familie und Zusammengehörigkeitsgefühl lebenswichtig für jeden Menschen sind. Auf geradezu raffinierte Weise symbolisieren die Namen die Einheit der Familie: Menuchim hat den Künstlernamen Kossak angenommen, den Geburtsnamen seiner Mutter (S. 113), und ‚Mendel‘ ist eine jiddische

Form von ‚Menuchim'; es sind letztlich die gleichen Namen. Sohn, Mutter und Vater, von ihren Namen her gesehen, sind eins!

Im Zentrum steht Mendel

Im Zentrum des Romans stehen nicht die Kinder, sondern die Eltern, vor allem Mendel. Das Streben und Handeln der Kinder wirken auf ihn zurück, sie reißen ihn aus dem Vertrauten heraus – dem Beruf, der Heimat – und eröffnen ihm vorher ungeahnte Lebensweisen. Die Auseinandersetzung mit seinen Kindern und schließlich das Erlebnis ihres Untergangs (Schemarjah, Mirjam, Jonas) oder ihres glücklichen Aufstiegs (Menuchim) bestimmen Mendels Verhalten lebenslang.

**Wir resümieren:**

Die heißen Wünsche der Heranwachsenden, die Korrekturversuche der Eltern und die vom Zufall gesteuerten Schicksalsschläge wirken in der Romanhandlung zusammen. Sie machen die Größe, die Freiheit und die Not des Menschen sichtbar. Es passt zu diesem universalen Programm des Romans, dass die Personen, obwohl Juden, nicht jiddisch sprechen.

Grunderfahrungen der menschlichen Psyche

Der Roman beschreibt Grunderfahrungen der menschlichen Psyche. Diese Grunderfahrungen sind: die Freude am Neuen, das Verhaftetsein mit dem Alten, die Gefährdung in der Welt und die vom Schicksal bescherten Glücksmomente.

**Ein besonderes Motiv: Amerika**

Zerrissenheit Roths bezüglich Amerika

Roth selbst war bezüglich Amerika lebenslang hin- und hergerissen. In seinen späten Lebensjahren hat er oft gegen Amerika polemisiert, hatte aber auch Pläne, dorthin auszuwandern und in Hollywood für die Filmbranche zu arbeiten. „Verhelfen Sie mir sofort nach Amerika", schrieb er 1938 einem Bekannten.[18] Und eine

---

18 Eckert, S. 105.

Einladung zum ‚World Congress of Writers', im Rahmen der New Yorker Weltausstellung veranstaltet im Mai 1939 vom amerikanischen P.E.N.-Club, nahm er an; ohne dann zu kommen.[19]

Amerika und Schemarjah

Wie erscheint Amerika im Roman? Amerika wird zum ersten Mal auf S. 37 genannt. Schemarjah ist im Laufe der Ereignisse, durch den Kontakt mit der Triestiner Schiffsgesellschaft, nach Amerika geraten; ursprünglich wollte er nur ins „Ausland" (S. 33), um dem Soldatendasein zu entfliehen. Er fühlt sich wohl in Amerika – genauer: in den USA – und erklärt es schließlich zu seinem „Vaterland" (S. 87). Ihm ist klar: Amerika ist „ein herrliches Land" (S. 65), in dem jeder ein Mitspracherecht hat und in dem Religionsfreiheit herrscht.

Amerika als Symbol der modernen Zeit

Amerika ist auch der Ausdruck der modernen Zeit, in der „wahnsinnige Eile" herrscht (S. 71) und immer höhere Leistungen stattfinden (S. 82). Zudem gilt: Amerika ist ein Land, in dem die Armen mit Ungeziefer leben (S. 82, 108), in dem des Geschäftes wegen Vater und Sohn getrennt wohnen (der Vater sollte ihn nie besuchen, S. 92), in dem der Gedanke an Gott fern ist (ein Scheinwerfer scheint „verzweifelt [...] Gott zu suchen", S. 83).

Land des technischen Fortschritts

Auch ist Amerika das Land des technischen Fortschritts. Das Glück am Schluss des Romans wird mit diesem amerikanischen Fortschritt und mit dem amerikanischen Komfort verknüpft – Stichworte sind „Astor Hotel" (S. 125) und „Terrasse" am Strand (S. 127). Das Grammofon, das Mendel Freude verschafft und das mit ‚Menuchims Lied' das Wiedersehen von Vater und Sohn vorbereitet, hat der US-Amerikaner „Edison" (S. 82) erfunden – ein kleines Symbol im Roman für den Glück verheißenden Zug dieses Landes.

Positiv oder negativ?

Erscheint Amerika eher positiv oder eher negativ? Nach dem Schock des Neuartigen (da „wurde er ohnmächtig", S. 72) lebt sich

---

19 Siehe Lunzer/Lunzer-Talos (2009), S. 250.

Mendel gut ein: „Ja, er war beinahe heimisch" (S. 73). Er kommt zu dem Urteil, Amerika mache den Menschen glücklich (S. 82). Doch nach den Schicksalsschlägen stellt Mendel fest: „Amerika hat uns getötet." (S. 92).

Eine neue Phase erlebt Mendel, als Menuchim auftaucht. Nun bewundert er das amerikanische Leben („Wohin du fährst, ist es gut", sagt er zu seinem Sohn; S. 127). Genauer gesagt: Er erkennt, wie großartig die Welt überhaupt ist, und er erkennt Amerika als einen Teil dieser großartigen Welt.

So erscheint Amerika insgesamt positiv.

### *Hiob* als modernes Märchen

Auftreten Menuchims am Ende

Das Auftreten Menuchims am Ende, sein Wiedersehen mit Vater Mendel, wirkt wie ein Märchen. Aus dem körperlich und geistig Behinderten ist am Ende der stattliche und erfolgreiche Dirigent und Komponist geworden. Das jüngste und gebrechlichste der Kinder verwandelt sich zum Helden. Außerdem ist er gerade der, der Mendels Lieblingslied komponiert hat.

Ist diese märchenhafte Glücksbeschreibung am Ende ein Fremdkörper im Geschehen, der künstlich angehängt wurde? Keineswegs. Denn:

Vorausdeutung: Prophezeiung des Wunderrabbis

Erstens: Die Prophezeiung des Wunderrabbis („Menuchim, Mendels Sohn, wird gesund werden. Seinesgleichen wird es nicht viele geben in Israel", S. 12) deutet von Anfang an auf das wunderbare Ende hin. Dazu treten die Episode des Grammofon-Hörens (S. 106 f.) und die Osterfestvorbereitungen (S. 108). Sie sind die von Roth sorgfältig konstruierte Einleitung für das wunderbare Glück.

Kein vollendetes Glück

Zweitens: Roth hat die Präsenz des Märchenhaften behutsam dosiert. Das Auftreten Menuchims am Ende ist für Mendel ein großes Glück, aber kein vollendetes Glück. Wird Mirjam wieder gesund werden? Wird Jonas, der im Krieg Verschollene, wieder auftauchen? Es gibt Hoffnungen (S. 120, S. 127), doch die Fragen bleiben offen. Echte Märchen aber liefern ein vollendetes Glück.

Es gibt weitere Elemente in *Hiob*, die an Märchen erinnern! Formelhafte Wendungen wie „weiß, weiß, weiß“ (über den Schnee, S. 24) und die Neigung, Sätze wörtlich zu wiederholen, erinnern an Zaubersprüche und sind ein Kennzeichen von Märchen. (Auf S. 71 ff. dieses Bandes haben wir solche Wiederholungen besprochen.) Vor allem aber wirken manche Geschehnisse im Roman zeitlos, so als spielten sie in einer erdenfernen Märchenwelt. Etwa wenn es heißt: „Also verrannen die Jahre“ (S. 36), der Regen nahm den beiden Liebenden „den Sinn für die Zeit“ (S. 61), „alt waren sie und jung zugleich“ (über Kossaks Augen, S. 114). Wie im Märchen klingt der erste Satz des Romans: „Vor vielen Jahren lebte [...]“.[20]

Zeitlosigkeit mancher Geschehnisse

Auch einzelne Motive sind märchenartig und erinnern an *Schneewittchen* und anderes. Wir haben dies im Abschnitt ‚Intertextualität‘ (S. 76 dieses Bandes) erläutert.

Märchenartig sind auch die ‚sprechenden Namen‘. Menuchim, der hebräische Name, heißt ‚Tröster‘; Menuchim tröstet tatsächlich am Ende. Deborah heißt ‚Biene‘, und tatsächlich trägt sie fleißig-sparsam etwas beiseite, nämlich Geld. Sam gilt als typischster amerikanischer Name; ‚Uncle **S**am‘ ist der Spitzname für den **US**-Amerikaner. Mr. Glück bereitet Mirjam etwas Lebensglück (oder ist der Name ironisch gemeint?), und Mac erinnert uns an das französische Wort ‚mec‘, das Kerl, Typ, Freund bedeutet. Der Besitzer des Eissalons heißt ausgerechnet Frisch!

Sprechende Namen

---

20 Es gibt in *Hiob* „zahlreiche formelhafte Wendungen, die dem Leser nicht nur den Eindruck des Gleichbleibens aller ablaufenden Prozesse in der Zeit, sondern auch den von Dauer, Zeitlosigkeit und Ewigkeit signalisieren“ (Blanke, S. 76).

Extreme

Beachten wir noch: Märchen sind die literarische Gattung, die beim Beschreiben existenzieller Erfahrungen größte Gegensätze wählt. In ein und demselben Märchen können Tod, grausamste Strafen und Hässlichkeit einerseits, Glück, grenzenlose Freuden und Schönheit andererseits erscheinen. Auch in *Hiob* gibt es die Extreme, ja der Roman fasziniert oft gerade dadurch, dass er an die Grenzen des guten Geschmacks geht. Wir lesen vom feierlichen Essen einer heißen Suppe (S. 6) und dann erstaunlicherweise davon, dass Menuchim „Hundekot [...] fraß" (S. 14). Man schwärmt von der Schönheit der Sonne (S. 59 f.) und ebenfalls, so Jonas, vom „Urinduft" der Pferde (S. 32). Es erscheinen das Gesundheit ausmalende „Reklame"-Bild (S. 126) und unausrottbares Ungeziefer (S. 82). In Mendels Familie finden sich nebeneinander Frömmigkeit und Lust auf Sex-Abenteuer mit wechselnden Partnern (Mendel/Mirjam), ebenso ‚bärenhafte' Gesundheit und Behindertsein (Jonas/Menuchim).

Wahnsinn, Tod, Kriegsunglück einerseits, Liebeslust, Wiedersehensfreude und Glücksgefühle andererseits – so viel wird hier erzählt. In Worten und Motiven so weit in die Extreme zu gehen ist typisch märchenhaft.

## Ganzheitlichkeit

Eine scharfe Trennung der Elemente ist nicht möglich

Jeder Leser wird für sich entscheiden, ob er *Hiob* in erster Linie als jüdischen Roman, als Familienroman oder als Märchen betrachten will. Doch sollte man die drei Grundtendenzen nicht für sich sehen, sondern stattdessen beachten, dass sie ineinanderfließen. Dies gilt besonders für den Romanschluss, wo das Ereignis am Osterabend mit dem Wiedersehen märchenhaft ist, aber zugleich jüdischen Geist ausstrahlt und ein Familienereignis ist. Doch überhaupt gilt: Die scharfe Trennung in ‚jüdische Elemente', ‚Familiäres' und ‚Märchenhaftes' gibt es nicht.

Der Roman erklärt jede Art von Trennung für schlecht

Mehr noch: Der Roman erklärt jede Art von Trennung für schlecht. Die Eltern lassen Menuchim in Europa zurück, trennen sich von ihm – aber leiden darunter (S. 75). Mendel hat sich an Deborahs „Fleische“ ergötzt (S. 5) und damit die körperliche Liebe vom Seelischen getrennt – aber später verurteilt er dies und erinnert sich reumütig an „die Wärme der Liebe“ (S. 91). Mendel besteht darauf, Menuchim von modernen Heilmethoden fern zu halten (S. 9) – was falsch ist, denn diese Methoden machen ihn gesund.

Mendels Frömmigkeit beruht ursprünglich auf einer Zweiteilung. Er trennte das Weltgeschehen scharf in das, was ihm gottgefällig schien, und das, was ihm nicht gottgefällig schien. Gott, genauer: seine Idee von Gott, war ihm wichtiger als die Welt. Aber indem er in Zorn auf Gott gerät, gibt er seine alte Existenz auf.[21] Er wendet sich der Welt zu. Er erfasst zum Beispiel die Bedeutung von Freunden (S. 97).

Die Welt in ihrer Ganzheit ohne störende Trennungen

Dies ist ein erstaunlicher Wandel, der noch vor dem Wiedersehen Mendels mit seinem Sohn stattfindet. Das Wiedersehen sodann versöhnt Mendel mit Gott. Mendel ist aber jetzt so weise, dass er sich seinen offenen Blick auf die Welt, den er inzwischen gelernt hat, bewahrt und ihn noch verstärkt. Mendel, auf den letzten Seiten des Romans, ist bestrebt, die Welt in ihrer Ganzheit ohne störende Trennungen zu sehen:

→ Bei der Fahrt im „Lift“ nach oben meint er, „er schwebte in den Himmel“ (S. 125). Moderne Technik und Verehrung Gottes fließen in seinen Gedanken zusammen.
→ Für Mendel ist der Blick zum Himmel nun ein visueller Genuss: „Am blassblauen Himmel standen ein paar weiße Wölkchen.“

---

21 Ein Interpret spricht von dem „Bruch des alten Mendel mit seiner durch leichtfertiges Gottvertrauen geschädigten Existenz“ (Oellers, S. 161).

(S. 128) Früher dachte er beim Anblick von Himmel und Sternen lediglich: „Sie verdecken Gott.“ (S. 56)

→ Bei seinem Erinnern an Deborah denkt er ans Jenseits und zugleich an das Irdische, an die Lust mit ihr (ihre „jenseitigen Augen“/ihre Augen „im Dunkel der Liebesnächte“, S. 129). Sogar die Prophezeiung und Deborahs Stimme dabei sind ihm gegenwärtig (S. 124), und von Menuchim hört er über Deborah: „Ihr Gesicht war sehr groß und rund, wie eine ganze Welt.“ (S. 126)

→ Mendel betrachtet das Foto seiner Enkelin und fühlt sich an ein „Kinderbild Deborahs“ erinnert (S. 129); Menschen verschiedener Generationen führt er in seinen Gedanken zusammen. Ebenso fällt ihm ein, dass seine Tochter Mirjam „seine Augen“ hat (S. 127).

→ Er bewundert die leuchtende Reklame (S. 126), er schaut auf das Foto von Menuchims Familie (S. 128 f.), und er lässt diese Medien auf seine jüdische Gefühlswelt wirken. Auch das Grammofon, dessen Musik er genossen hat, ist solch ein modernes Medium. Neue Medien und alte Gefühle beeinflussen Mendel miteinander.[22]

→ Er betrachtet das Foto mit seinen Angehörigen im Garten – ein Tier ist dabei, wie im Paradies! – und denkt dabei an Gott. „Gott segne sie!“, sagt er (S. 129). Schöpfer und Schöpfung werden zusammen gesehen.

→ Kurz zuvor, beim Ausflug ans Meer, heißt es: „So grüßte Mendel Singer die Welt.“ (S. 128) Mendel tut dies ohne Mütze; die Mütze darf er aber nur bei jüdischen Amtshandlungen („im

---

22 Mendels neue Haltung lässt sich auch religiös ausdrücken: Der Gott, der Mendel jetzt vor Augen steht, ist „ein Gott, der auch klinische Medizin, audiovisuelle Medien – Grammophon und Photographie –, Verkehrstechnik und Massenbauweise durchwaltet“ (Hackert: *Zum Gebrauch der Gattung Legende*, S. 120).

Amt", ebd.) abnehmen. Er erklärt Welt und Gott für gleich wichtig, seine Liebe gilt der Welt und Gott.

Was ist besser, Europa oder Amerika? Was bringt mehr Glück, das Neue oder das Alte? Was ist wichtiger, Ärzte, die heilen, oder Mitmenschen wie der Wunderrabbi, die uns Hoffnungen vermitteln? Was verdient mehr Aufmerksamkeit, das sichtbare Geschehen oder das religiöse Gesetz? Diese Fragen stellen sich für Mendel am Ende des Romans nicht mehr. Er weiß nun, dass die Welt, in der wir leben, groß, vielgestaltig und reich an Gegensätzen ist und dass der Mensch sich dieser Welt hingeben muss.

Hingabe an die Welt

Diese Hingabe an die Welt drückt sich auch in dem Wort ‚ausruhen' im letzten Satz des Romans aus. Manche Forscher meinen, der Schlusssatz und speziell dieses Wort bezeichne Mendels Tod, was sicherlich irrig ist.

Ein Punkt noch! Nicht nur Mendel erwirbt sich eine ganzheitliche Sicht, sondern auch wir Leser werden im Laufe des Geschehens aufgerufen, ganzheitlich zu denken. Dies geschieht durch die Fülle von gegensätzlichen Motiven, die durchgehend im Roman erscheinen (und die ihn, siehe den vorigen Abschnitt, märchenhaft erscheinen lassen).

Ideal der Universalpoesie

Der Romantiker Friedrich Schlegel, ein großer Philosoph, hat im Jahre 1798 das Wort „Universalpoesie" geprägt. Er meinte damit eine Dichtkunst, die Roman, Märchen, Gedicht und noch mehr gleichzeitig ist und die vielgestaltig ist wie die Welt. Joseph Roths *Hiob* strebt dieses Ideal der Universalpoesie an. Vielleicht kann man sagen: So wie Mendel Singer die Musik des Grammofons genießt und ausruft: „Die ganze Welt höre ich jetzt" (S. 107), so wünschte sich Joseph Roth den Leser, der bei der Lektüre von *Hiob* ausruft: ‚Die ganze Welt erlebe ich jetzt.'

# 4. REZEPTIONSGESCHICHTE

ZUSAMMEN-
FASSUNG

→ *Hiob* hat von Anfang an viele begeisterte Leser gefunden, er wurde 1978 werkgetreu verfilmt. In der Nazizeit war er aus den öffentlichen Bibliotheken entfernt. Nach dem Zweiten Weltkrieg wurde er in mehreren Ausgaben gedruckt und ab 1985 als Schullektüre empfohlen.
→ Die wissenschaftliche Forschung zu *Hiob* hat zunächst den jüdischen und überhaupt den religiösen Gehalt aufgearbeitet, später den Aufbau des Werkes und die psychologischen Feinheiten ergründet.
→ Der märchenhafte Schluss des Werkes wurde und wird kontrovers diskutiert.

## Begeisterte Leser und die Ächtung in Nazi-Deutschland

Joseph Roths *Hiob* fand von Anfang an begeisterte Leser; noch im Dezember 1930, wenige Wochen nach dem Erstdruck, gab es eine zweite Auflage. Es folgten sehr rasch, in den Jahren 1931/32, Übersetzungen in die Sprachen Englisch, Dänisch, Französisch, Niederländisch, Polnisch und Schwedisch. Die englische Übersetzung trug den Titel *Job. The Story of a Simple Man* und war von der Journalistin und zeitweiligen Präsidentin des amerikanischen P.E.N.-Clubs Dorothy Thompson. Diese Übersetzung erschien 1931 in New York und 1932 in London. Ende 1931 wurde in den USA *Hiob* zum ‚Book of the Month' gewählt. Begeistert waren auch die Literaturkritiker; Stefan Zweig (siehe im Kapitel ‚Materialien', S. 100 dieses Bandes) lobte „die volksliedhafte Natürlichkeit" der Roth'schen Sprache.

‚Book of the Month'

Ebenfalls ein Erfolg war die von Viktor Kelemen verfasste Dramatisierung des Romans. Sein Stück *Hiob* wurde 1939 in Paris und 1940 in London und New York aufgeführt. Schon 1936 gab es in Hollywood eine Verfilmung des Romans (unter dem Titel *Sins of Man*), die jedoch verfälscht war (Mendel war hier christlicher Kirchendiener in Südtirol!). Viel später, 1978, wurde *Hiob* sehr werkgetreu verfilmt vom Österreichischen Fernsehen; Regie und Drehbuch Michael Kehlmann.

Viktor Kelemens Dramatisierung

Verfilmungen

In der Nazi-Zeit waren Roths Bücher in Deutschland unerwünscht; sie standen seit 1929 auf der ‚Liste Herrmann', einem Verzeichnis der Nazi-Partei aller der Bücher, die aus öffentlichen Bibliotheken zu entfernen seien. Bei den Bücherverbrennungen am 10. Mai 1933 waren daher wohl auch Roths Werke in den Flammen. Im selben Jahr wurde *Hiob* in Amsterdam neu gedruckt. 1958, nun wieder in Deutschland, gab es eine Taschenbuchausgabe.

Nazi-Zeit

Infolge der Nazi-Barbarei war Roths Werk in der Gefahr, von der deutschen Leserschaft vergessen zu werden. Doch das Gegenteil trat ein: Roths *Hiob* wurde gedruckt und gelesen und wurde sogar zur Schullektüre. Die Empfehlung dazu hat 1985 Susanne Berg in der Zeitschrift ‚Der Deutschunterricht' ausgesprochen: Der Roman *Hiob* sei „als poetische Dokumentation eines uns völlig fremd gewordenen Kulturkreises" zu bewerten.[23] Über diesen Aufstieg zur Schullektüre hätte sich Roth sehr gefreut, hat er doch einmal gesagt: „Ich möchte so schreiben, dass ich in ein Lesebuch komme."[24]

Schullektüre

Ein besonderes Ereignis war die Ausstellung, die im Literaturhaus Wien 2008/2009 stattfand: ‚Joseph Roth im Exil in Paris 1933 bis 1939'. Sie stellte in vielen Bildern und Schriftstücken nicht nur

Ausstellung im Literaturhaus Wien 2008/2009: ‚Joseph Roth im Exil in Paris 1933 bis 1939'

23 Berg, S. 103.
24 Siehe Bronsen: *Joseph Roth. Eine Biographie*, S. 357.

Roths letzte Jahre, sondern auch Roths besonderes Wesen dar.[25] Im Zusammenhang mit dieser Ausstellung wurde im Dezember 2008 die ‚Internationale Joseph Roth Gesellschaft' in Wien gegründet; sie will in ihren Veröffentlichungen Roths Werk und die Forschungsergebnisse über Roth weiter verbreiten.

### Vielseitiges Forschen

1956 kam die erste große Werkausgabe von Joseph Roth auf den Markt, und damit setzte auch die literaturwissenschaftliche Forschung ein.

David Bronsens große Roth-Biografie

1974 veröffentlichte der Amerikaner ostjüdischer Herkunft David Bronsen seine große Roth-Biografie. Ihm war es in 15-jähriger Arbeit gelungen, fast alle der damals noch lebenden Bekannten Roths – eine große Zahl – aufzuspüren und zu interviewen.

Film *Reise nach Brody: Auf den Spuren von Joseph Roth*

1993 brachte Egon Humer den Film *Reise nach Brody: Auf den Spuren von Joseph Roth* heraus (eine Produktion des ORF), der das einstige jüdische Leben in Roths Heimat Ostgalizien dokumentiert und mit dem Heute vergleicht.

Briefwechsel zwischen Joseph Roth und Stefan Zweig

Im Jahr 2011 wurde der Briefwechsel zwischen Joseph Roth und Stefan Zweig veröffentlicht.[26] Diese Briefe mit den ausführlichen Kommentaren lesen sich wie eine Teilbiografie Roths seiner letzten zwölf Jahre.

Hansotto Ausserhofer

Die *Hiob*-Forschung hat, gerade nach dem antijüdischen Hetzen der Nazis, ihre Aufmerksamkeit den jüdischen Elementen gewidmet. Hansotto Ausserhofer hat belegt, dass die drei älteren Kinder Mendels mit ihrem Rebellieren gegen die Traditionen typische Formen des Assimilationsprozesses der Juden verkörpern. Der Jeru-

---

25 Der zugehörige Ausstellungsband ist Lunzers gleichnamiges Werk *Joseph Roth im Exil in Paris 1933 bis 1939* (2008).

26 Unter dem Titel *„Jede Freundschaft mit mir ist verderblich". Joseph Roth und Stefan Zweig – Briefwechsel 1927–1938.*

salemer Judaist Gershon Shaked (1986) und der Literaturwissenschaftler Hans Otto Horch (1989) haben gezeigt: *Hiob* ist bis in die Alltagsdetails hinein eine exakte Beschreibung des Ostjudentums, die dadurch fasziniert, dass Roth jüdische Mythen aktiviert. Die jüdischen und manchmal auch gerade nicht-jüdischen Gesprächsformen in *Hiob* hat 1995 Matthias Richter beleuchtet. Andere Interpreten entdecken in dieser jüdischen Erzählschicht des Romans den Ausdruck des religiösen Denkens überhaupt. Der große italienische Germanist Claudio Magris sieht Roths Religiosität stark slawisch beeinflusst („der Einfluss des nahen Russland“[27]). Der Theologe Karl-Josef Kuschel deutet die psychologische Genauigkeit Roths, wenn er Mendels Abkehr von Gott darstellt. Der Literaturwissenschaftler Helmuth Nürnberger sagt in diesem Zusammenhang: Der Roman *Hiob* „gewann die Seelen“[28]. Roth neigte sich in späteren Jahren dem Katholizismus zu; die katholischen Spuren in *Hiob* hat Esther Steinmann (1984) aufgearbeitet. Zwei christliche Institutionen haben Roth mit Symposien gewürdigt: 1989, in Roths 50. Todesjahr, die Katholische Akademie der Diözese Rottenburg, und 1994, zu Roths 100. Geburtstag, die Evangelische Akademie Baden.[29]

Gershon Shaked
Hans Otto Horch
Matthias Richter
Claudio Magris
Karl-Josef Kuschel
Helmuth Nürnberger
Esther Steinmann

Bemerkenswert sind einige Studien, die weniger auf Judentum und Religion achten, sondern den Aufbau des Werkes untersuchen. Erika Wegner hat die sprachlichen Feinheiten in *Hiob* erforscht, und für Bernd Hüppauf ist die Figur Mendel Singer der große Skeptiker, der in der Nachfolge des französischen Philosophen Michel de Montaigne (gest. 1592) steht. Norbert Oellers unterstreicht die Zweiteilung des Werkes: Im Amerika-Teil entwickele sich *Hiob* zum Schicksalsroman „mit einem wahrhaftigen Helden“[30].

Erika Wegner
Bernd Hüppauf
Norbert Oellers

---

27 Magris: *Der habsburgische Mythos*, S. 309.
28 Nürnberger, S. 87.
29 Die Tagungsbände: Kessler/Hackert (Hg.) und Evangelische Akademie Baden (Hg.), siehe Literaturverzeichnis.
30 Oellers, S. 160.

Schluss des Romans

Besondere Beachtung hat der märchenhafte Schluss mit dem Auftauchen des Sohnes Menuchim gefunden. Manche Interpreten finden den Schluss künstlich (so Ludwig Marcuse) oder sogar kitschig. Letzteres hat der Ideologie-Forscher Arnold Künzli gemeint, hat dasselbe Urteil aber auch über das biblische Buch *Hiob* gefällt.[31] Viele Kenner bewundern den Schluss des Romans und finden dort seine Hauptaussage, so etwa Fritz Hackert (*Zum Gebrauch der Gattung Legende bei Joseph Roth*) oder Esther Steinmann. Sie sagt: Im Romanschluss sehe man Mendel Singer „in der reifenden Bejahung der conditio humana“, d. h. des wahren Menschseins.[32] Im Kapitel ‚Materialien‘ nennen wir ab S. 103 ff. dieses Bandes einige Urteile über den Schluss. Ausführlich stellt im Internet Dieter Schrey die verschiedenen Aspekte des Romans *Hiob* dar.

---

31 Durch seinen „verkitschten Schluss" habe Roth „das Hollywood-Happy-End des biblischen Buches *Hiob*" kopiert (Künzli, S. 49, S. 47).

32 Steinmann, S. 51.

# 5. MATERIALIEN

## Blicke in Joseph Roths Werke

*Juden auf Wanderschaft*

1927, im Jahr, bevor Roth seinen *Hiob* begann, veröffentlichte er seinen Essay *Juden auf Wanderschaft*:

„Der Ostjude sieht die Schönheit des Ostens nicht. Man verbot ihm, in Dörfern zu leben, aber auch in großen Städten. In schmutzigen Straßen, in verfallenen Häusern leben die Juden. Der christliche Nachbar bedroht sie. Der Herr schlägt sie. Der Beamte lässt sie einsperren. Der Offizier schießt auf sie, ohne bestraft zu werden. Der Hund verbellt sie, weil sie mit einer Tracht erscheinen, die Tiere ebenso wie primitive Menschen reizt. In dunklen Chedern werden sie erzogen. Die schmerzliche Aussichtslosigkeit des jüdischen Gebets lernen sie im frühesten Kindesalter kennen [...]; die strenge Pflicht, zu lernen und mit jungen Augen, die noch hungrig nach der Anschauung sind, das Abstrakte zu suchen."[33]

*Wasserträger Mendel*

Joseph Roth hatte ursprünglich eine andere Vorstellung von seiner Hauptfigur Mendel Singer. *Wasserträger Mendel* ist der Titel eines Roman-Anfanges, den er später verworfen hat. Mendel hat hier also einen sehr schlichten Beruf. Er verlässt seine Heimat im Osten. In Wien meldet er sich bei der Polizei:

„Mendel trat, betäubt, näher an den hölzernen Zaun. Der Beamte nahm den Meldezettel. Die Schrift gefiel ihm nicht. Er suchte nach den Rubriken. Er fand eine, die nicht ausgefüllt war. Es war die Rubrik ‚Beschäftigung'.

---

33 Roth: *Werke Bd. 2*, S. 829.

‚Womit beschäftigen Sie sich?', fragte er. [...]
‚Ich war ein Wasserträger!'
‚Was waren Sie? Ein Wasserträger? Das ist mir noch nicht vorgekommen! Davon leben Sie?'
‚Ja. ich habe zwölf Häuser gehabt. Gute Häuser. Da hab ich Wasser getragen.'
‚Wozu haben Sie da Wasser getragen?'
‚Die Menschen brauchen doch Wasser! Reiche Leute gehen nicht selbst zum Brunnen!' [...]
Mendel gab ihm die Steuerquittung. Sie war in acht Teile zerfallen und nicht mehr zu lesen.
Der Beamte schüttelte sich vor Grauen. Er sah Läuse. Er fühlte am ganzen Körper gleichzeitig ein Jucken."[34]

*Das falsche Gewicht*

Eine Grenzschenke gibt es auch in Roths Romanen *Das falsche Gewicht* (1937) und *Die Kapuzinergruft* (1938). Im *Falschen Gewicht* erzählt Roth:

„Es herrschte ein großer Lärm in der Grenzschenke Jadlowkers. Russische Deserteure saßen da, eben erst von dem Grenzschmuggler Kapturak angebracht. Sie steckten noch in ihren Uniformen. [...] Der kleine Kapturak – man nannte ihn den ‚Kommissionär' – betreute sie mit Alkohol. Er bekam von Jadlowker fünfundzwanzig Prozent von jedem russischen Deserteur."[35]

*Der Leviathan*

Roths Erzählung *Der Leviathan* ist 1938 erschienen. Wie *Hiob* spielt die kurze Erzählung in Südrussland. Der jüdische Korallenhändler namens Nissen Piczenik macht Bankrott, weil er nicht die billigen

---

34 Roth: *Werke Bd. 5*, S. 859 f.
35 Roth: *Werke Bd. 6*, S. 147.

künstlichen Korallen anbieten will. Er emigriert, doch er erreicht nicht sein Ziel. Auf der letzten Seite lesen wir:

„Am 21. April bestieg er in Hamburg den Dampfer ‚Phönix' als ein Zwischendeckpassagier. Vier Tage war das Schiff unterwegs, als die Katastrophe kam: Vielleicht erinnern sich noch manche daran. Mehr als zweihundert Passagiere gingen mit der ‚Phönix' unter. Sie ertranken natürlich. [...]

Und wollen wir dem Bericht eines Mannes glauben, der durch ein Wunder – wie man zu sagen pflegt – damals dem Tode entging, so müssen wir mitteilen, dass sich Nissen Piczenik lange noch, bevor die Rettungsboote gefüllt waren, über Bord ins Wasser stürzte zu seinen Korallen, zu seinen echten Korallen."[36]

*Radetzkymarsch*

Liebe und Sex mit Soldaten – diese Erlebnisse der jungen Mirjam haben ein Gegenbild in einer Episode von Joseph Roths Roman *Radetzkymarsch* (1932). Hier wird die Liebe aus männlicher Sicht geschildert. Der 15-jährige Carl Joseph von Trotta, angehender Leutnant in Österreich, hat an Ferientagen regelmäßig Frau Slama besucht, die Frau eines Wachtmeisters. Sie war seine Geliebte. Später, auf einer Reise nach Wien, berichtet ihm sein Vater, sie sei gestorben bei der Geburt eines Kindes.

„Stumm und aufrecht, von einer Qual bedrängt, der er keinen Namen hätte geben können, die er niemals gekannt hatte und die wie eine rätselhafte Krankheit aus fernen Zonen war, fuhr Carl Joseph ins Hotel. Es gelang ihm noch: ‚Pardon, Papa!' zu sagen. Dann schloss er sein Zimmer ab, packte den Koffer aus und zog die Mappe hervor, in der ein paar Briefe der Frau Slama lagen, in den Umschlägen,

---

36 Roth: *Werke Bd. 6*, S. 574.

wie sie gekommen waren, mit der chiffrierten Adresse, Mährisch-Weißkirchen, poste restante. Die blauen Blätter hatten die Farbe des Himmels und einen Hauch von Reseda, und die zarten schwarzen Buchstaben flogen wie eine geordnete Schar schlanker Schwalben dahin. Briefe der toten Frau Slama!"

Kurz danach:

„,Wahrscheinlich hätte ich sie gar nicht mehr besucht!', dachte der Leutnant. ,Ich hätte sie vergessen. Ihre Worte waren zärtlich, sie war eine Mutter, sie hat mich geliebt, sie ist gestorben!' Es war klar, dass er Schuld an ihrem Tode trug. An der Schwelle seines Lebens lag sie, eine geliebte Leiche.

Es war die erste Begegnung Carl Josephs mit dem Tode."[37]

## Wichtige Deutungen des Romans *Hiob*

Stefan Zweig

Der Schriftsteller Stefan Zweig (1881–1942), ebenfalls Jude und ein guter Bekannter Roths, schrieb nach Erscheinen des Romans:

„Kein Pathos verletzt die volksliedhafte Natürlichkeit dieser durchleuchtend klaren und dem Bildnerwillen allezeit gefügigen Sprache. Man erlebt, statt zu lesen. Und man schämt sich nicht, endlich auch einmal von einem wirklichen Kunstwerk ganz sentimentalisch erschüttert zu sein."[38]

---

37 Roth: *Radetzkymarsch*, S. 55 f.

38 Stefan Zweig in der ,Kölnischen Zeitung' 1930; zit. nach Lunzer/Lunzer-Talos (2009), S. 187.

Der Hochschullehrer Michael Voges stellt über *Hiob* fest:

Michael Voges

„Die Grenze, wie in anderen Texten Roths ein Ort von hohem Symbolwert, trennt die alte von der Neuen Welt. Ihr Überschreiten bezeichnet den Verlust einer traditionsgebundenen, vormodernen Lebensweise, die im ostjüdischen Schtetl Gestalt annimmt, und zugleich die Herausforderung durch eine neue, ungebundene, spezifisch moderne Lebensweise, für die Amerika und besonders New York steht. Im *Hiob* behandelt Roth Probleme der Modernisierung, indem er ihre Voraussetzungen und Folgen im Mikrokosmos der Familie Singer untersucht. Sein Interesse gilt dem Hiatus zwischen Einzelschicksal und kollektiver Veränderung, die den Namen Geschichte trägt. [...] Der Roman zeigt Grenzüberschreitungen; er überprüft Lebenshaltungen in einer Zeit des Übergangs."[39]

Für den Germanisten Gerhard vom Hofe ist der Ausgang des Geschehens mit dem Motiv Musik, und zwar mit ‚Menuchims Lied', eng verbunden:

Gerhard vom Hofe

„Die Aufnahme dieses Liedes schafft erst die Voraussetzungen für das große Wunder, mit dem der Roman schließt: Mendel gewinnt die ganze schon aufgegebene und ihm fremdgewordene Welt als die ihm doch noch vertraute wieder; und er fühlt sich heimgekehrt in seine alte patriarchalische Welt, erneut geborgen im Haus seiner altjüdischen Tradition – dank der Gewalt der Musik."[40]

Der Judaistik-Professor Gershon Shaked betont die jüdischen Erzählstoffe und sieht dabei mehr als den ‚Hiob'-Mythos. Shaked be-

Gershon Shaked

---

39 Voges, S. 385.
40 Vom Hofe, S. 79.

zieht sich nicht nur auf Mendel, sondern auch auf den ‚Knaben' Menuchim, der ihn an den biblischen Joseph erinnert:

„Der Roman kann daher als Parodie dieser zwei Legenden interpretiert werden. Die Hioblegende erzählt die Geschichte des treuen Dieners Gottes, der, von Gott versucht, sich gegen ihn auflehnt, ohne je das letzte Band zu zerreißen, und schließlich durch Gottes Gnade erlöst wird. Die Josephslegende ist die Geschichte des Knaben, der von seinen Brüdern verraten, in ein fremdes Land verkauft, aber durch das Wunder seiner Begabung und Klugheit im neuen Land mächtig wird und so seine Familie erretten kann. [...] Die Intertextualität gibt der jüdischen Thematik neue, tiefere Dimensionen."[41]

Esther Steinmann

Schon 1984 hat die Literaturwissenschaftlerin Esther Steinmann dargelegt, wie sehr sich Mendel wandelt und zu einem weltoffenen Denken findet:

„Die Wandlung des Mendel Singer, der ‚seinen Freunden wie den Nachbarn in diesem Frühling verändert' [S. 108] vorkommt und für Skowronnek gar ‚ein anderer Mensch' [S. 109] geworden ist, besteht in der reifenden Bejahung der conditio humana. Das Existenzgefühl beginnt sich gegenüber den wechselvollen Erfahrungen zu verselbständigen, um ein Urvertrauen zurückzugewinnen [...]. Die Erneuerung Mendels holt auch seine Naturentfremdung ein, die den Roman als spezifisch jüdisches Weltgefühl durchdringt. [...]

Auch das Wunder Menuchim ist im Zeichen der Wiederherstellung einer ursprünglichen, unmittelbaren Naturbeziehung zu verstehen, vollzieht sich darin doch Mendels Versöhnung mit den

---

41 Shaked, S. 289 f.

naturhaften Bindungen an die Familie, denen er sich teils äußerlich, mehr aber noch innerlich entzogen hatte."[42]

## Der märchenhafte Schluss – unterschiedliche Urteile

Wie ist der Schluss des Romans, das Auftreten des geheilten Menuchim, literarisch zu bewerten? Hier Äußerungen aus verschiedenen Epochen.

Ludwig Marcuse

Beim Erscheinen des Romans hat der Essayist Ludwig Marcuse den Schluss getadelt:

„Dieser Schluss ist aber wohl nur aufgesetzt; er ist zu pompös für Roths zart-intensive Striche. […] Roths Schluss, der sich an die Parallele zum alten Hiob klammert, ist wohl nur eine kompositorische Verlegenheit."[43]

Marcel Reich-Ranicki

In ähnlicher Weise sieht der bekannte Literaturkritiker Marcel Reich-Ranicki das märchenhafte Finale als einen Ausdruck von realitätsferner Poesie:

„Hilflos und schutzbedürftig wie seine Figuren und ebenso weltfremd und versponnen, zugleich weise und einfältig irrte Roth durch das Leben. […] Auf jene Wunder, mit denen er den Geschöpfen seiner Phantasie etwas Glück und Freude bereitete, ohne sie vor der Katastrophe bewahren zu können, wartete Joseph Roth vergeblich. Er musste sich die Wunder, die er so dringend brauchte, selbst

---

42 Steinmann, S. 51.

43 Ludwig Marcuse: *Eine neue Hiob-Legende*. In: ‚Das Tagebuch'. 11 (1930); zit. nach: *Joseph Roth. 1894–1939. Eine Ausstellung*, S. 445.

erfinden, ihm, Joseph Roth, blieb nur die Flucht ins Märchen. Ins Märchen? Man kann auch sagen: die Flucht in die Poesie."[44]

Dieter Schrey

Dieter Schrey bezeichnet in seinen großen Studie über *Hiob* den wunderbaren Moment des Wiedersehens von Vater und Sohn als bedeutende „Kunst". Er vermutet jedoch, Roth könnte diesen Schluss erst spät geplant haben:

„Mit der Szene in Skowronneks Musikladen könnte der Roman enden. [S. 106 f.] […] ‚Seitdem die neuen Platten gekommen sind, ist unser Mendel ein anderer Mensch.' [S. 109] […]

Mendel, der Vater, der den messianischen Sohn später in den Kreis der versammelten Juden hereinlässt, sitzt […] ‚am Ende des Tisches' im Hause der Skowronneks. Dort gilt seine Sorge eigenartigerweise ‚dem Gleichgewicht zwischen der Tischplatte und ihrer künstlichen Verlängerung' durch ein gehobeltes Brett [S. 115] – ein Indiz für die ‚künstliche Verlängerung' des Romans?"[45]

Alexander Ritter

Der Literaturwissenschaftler Alexander Ritter stellt das Glück am Ende von *Hiob* infrage. Mendel werde durch das Erscheinen seines Sohnes an seine geliebte Heimat erinnert. Mendel tritt im Hotelzimmer „sofort zum Fenster" (S. 125) und blickt nach draußen:

„Über diese Wiederaufnahme des Leitmotivs vom Fenster und dem freien Blick in die Welt, wie es noch im russischen Heimatdorf und Vaterhaus möglich gewesen ist, schließt der Autor den Lebenskreis seines Helden und führt ihn in seine Ausgangsexistenz zurück. So […] deutet der Erzähler auch seine tatsächliche Rückkehr ins Her-

44 Reich-Ranicki, S. 268.
45 Schrey, Teil V, Abschnitt 5 (http://home.bn-ulm.de/ulschrey/roth/).

kunftsland und Heimatdorf an. Diese aber ist nicht beschreibbar, denn beide Ziele existieren nicht mehr. [...]

Und Amerika? Der Leser bleibt ratlos zurück. Die Prognose für ein Leben Mendel Singers im Nachkriegseuropa ist so fragwürdig wie das Ablegen des stigmatisierten Amerika hinter dem ozeanischen Horizont."[46]

Fritz Hackert

Für Fritz Hackert, den großen Roth-Forscher, bedeutet der Schluss, dass Mendel ein moderner Mensch geworden ist:

„Aus einer archaischen Prä-Existenz ist Mendel Singer in der historischen Gegenwart angelangt, wenn er dem ‚verbotenen Verlangen' nachgibt und ‚die Mütze aus altem Seidenrips' abnimmt, um ‚die Welt' zu grüßen, diese Welt des zwanzigsten Jahrhunderts [S. 128]. Roths legendarisches Erzählen plädiert gerade nicht für die Erhaltung von Einfalt und den Ausschluss von Erfahrung."[47]

## Jüdischer Humor – geistreich und bitter

Hier ein jüdischer Witz über einen Melamed, also einen Kleinkinderlehrer, wie Mendel Singer es ist:

„Warum engagiert man einen Melamed immer nur für ein halbes Jahr?

Das ist einfach: Nimmt er seine Aufgabe ernst, dann hat er sich nach einem halben Jahr an den Kindern die Schwindsucht angeärgert, und man muss ihn ersetzen. Bleibt er aber gesund – dann

---

46 Ritter, S. 98 f.
47 Hackert: *Zum Gebrauch der Gattung Legende*, S. 120.

ist es ein Zeichen, dass er seine Aufgabe nicht ernst nimmt, und man muss ihn erst recht ersetzen."[48]

In *Hiob*, S. 56, stöhnt Mendel Singer über die langwierigen Behördengänge: Die Welt habe „der Herr in sieben Tagen geschaffen. Und wenn ein Jude nach Amerika fahren will, braucht es Jahre!" Dahinter steht ein bekannter jüdischer Witz:

„Ein Ingenieur kommt in ein galizisches Städtchen, bestellt beim jüdischen Schneider dort eine Hose; die Hose wird nicht rechtzeitig geliefert und der Ingenieur fährt weg. Jahre später kommt er wieder hin – da bringt der Schneider die Hose.

Ingenieur: ‚Der liebe Gott hat die Welt in sieben Tagen geschaffen – und Ihr braucht sieben Jahre für eine Hose!'

Schneider, indem er zärtlich über die Hose hinstreicht: ‚Ja – aber schaut Euch an die Welt – und schaut Euch an diese Hose!'"[49]

*Anatevka*

Der Zar musste verehrt werden. Roth nennt das „gesetzlich vorgeschriebene Gebet für den Zaren" (S. 20). In dem Musical *Anatevka* gibt es diesen Dialog:

„‚Rabbi, darf ich dich etwas fragen?'
‚Aber natürlich, mein Sohn.'
‚Gibt es in unserer Religion auch einen Segen für den Zaren?'
‚Einen Segen für den Zaren? Selbstverständlich. Gott erhalte ihn, und er halte ihn ... uns vom Leib!'"[50]

---

48 Salcia Landmann (Hg.): *Jüdische Witze*. München: dtv, 1963, S. 103.

49 Ebd., S. 45.

50 *Anatevka* (*The Fiddler on the Roof*, 1964), Musical nach den jiddischen Erzählungen von Scholem Alejchem, Text von Joseph Stein; zitiert nach der Tonaufnahme ‚Decca' SLK 16533-P (Roth hat den Dichter Scholem Alejchem geschätzt, siehe *Werke Bd. 2*, S. 853).

Wie verachtet in vornehmen jüdischen Kreisen die Glaubensgenossen aus Osteuropa waren, berichtet Georg Stefan Troller, der 1921 geborene Journalist, in seinen Lebenserinnerungen. Trollers Vater war ein wohlhabender jüdischer Kaufmann in Wien. Troller erzählt in satirischer Weise:

Verachtung osteuropäischer Juden

„Die Leopoldstadt [war] das Viertel der Betteljuden – häufig Neueinwanderer aus Galizien oder der Bukowina. […] Durch die Leopoldstadt zockeln wir höchstens mal mit der Tramway auf dem Weg zum Wurstelprater. Rundum glänzende schwarze Kaftane, geringelte Bärte und Schläfenlocken, man redet ein gestenreiches Jiddisch und ist ‚Handleh'. Sozusagen die steinzeitliche Vorstufe zu uns, den österreichischen Staatsbürgern jüdischen Glaubens. […]

Später im Gymnasium pickte ich manchmal solche Nonsens-Ausdrücke auf wie ‚Oi joi, Mama' oder ‚Haste gesehn, komme ins Haus'. Sofort fuhr mir der Vater übern Mund: ‚Bei uns wird nicht gemauschelt!'"[51]

## Jüdisches Leben an Alltagen, an Festtagen

Mendel sagt, alle Jahre habe er Gott geliebt (S. 100), aber nun, nach den Katastrophen, wende er sich von ihm ab. Man kann dies so verstehen: Er fühlt sich Gott gegenüber nicht mehr in einer Schuld. Die Rabbinerin Elisa Klapheck, geboren 1962, erklärt in einem Interview die Schuld des Menschen:

Begriff der Schuld

„Im Hebräischen gibt es verschiedene Begriffe für Schuld. Die Schuld des Verbrechers ist eine andere als die finanzielle Schuld oder die Schuld gegen Gott. Generell sind Schuld, Schulden und

---

51 Georg Stefan Troller: *Selbstbeschreibung*. Hamburg: Rasch u. Röhring, 1988, S. 9 f.

Schuldgefühle in der jüdischen Religion gar nichts Schlechtes. Das Schuldgefühl hält uns alle zusammen. Gott ist der Eigentümer dieser Welt, er hat die Welt erschaffen, dafür schulden wir ihm etwas. Aber wir schulden auch den Mitmenschen etwas. Das Schuldgefühl ist die Bedingung dafür, dass wir eine Gemeinschaft bilden können. [...]

Weil Gott uns diese Welt zur Verfügung gestellt hat, bleiben wir ihm immer etwas schuldig. Gott ist der erste große Gläubiger seiner Schöpfung. Wir sind seine Schuldner. Gott hat uns einen Anfangskredit zur Verfügung gestellt. Das ist eine Vorleistung an Vertrauen. Im Hebräischen bedeutet ‚Ich bin verschuldet' zugleich ‚Ich bin verpflichtet', was durchaus etwas Positives ist."[52]

Wie genau gibt der Roman *Hiob* ostjüdische Sitte und Mentalität wieder?

Judentum und Schwangerschaft

Als Deborah im dritten Monat schwanger ist, beobachtet sie, wie Mirjam neugierig zu einer Kirche rennt. Sie weiß nun: „Ein Unglück trägt sie im Schoß." (S. 18) Tatsächlich verlangte die Sitte, dass Schwangere vorsichtig sein sollen beim Umherschauen. In einem Sachbuch über die osteuropäischen Juden erfahren wir:

„Missbildung könnte aber eher noch durch einen ‚Unfall' verursacht werden als durch eine Sünde. Es ist deswegen für eine Schwangere wichtig, zu vermeiden, dass ihr Blick auf etwas fällt, das dem Ungeborenen Schaden zufügen könnte. [...] Zum Beispiel wurde in einem Schtetl ein zwergwüchsiges Kind geboren, weil ein Zirkus

---

52 *„Gott ist der erste große Gläubiger seiner Schöpfung."* [Interview mit Elisa Klapheck.] In: Frankfurter Allgemeine Sonntagszeitung, 1. Januar 2012.

kam, als die Mutter schwanger war, und die Mutter zu lange einem Zwerg zugeschaut hatte, der dort auftrat."[53]

Eine andere Stelle dieses Buches beschreibt die Haltung der Juden gegenüber geistig behinderten Kindern. Sie erinnert uns an die Behandlung Menuchims.

Judentum und geistige Behinderung

„Geistige Krankheiten sind solche, die man verbirgt, vorausgesetzt die Familie kann es sich leisten, die Verheimlichung zu bewerkstelligen. Die Eltern geben selten die Hoffnung auf, diesen beschämenden Zustand zu heilen, sie gehen vom Arzt zum zadik und vom zadik zum Professor. Die größte Schande ist, den Betroffenen in eine Anstalt bringen zu müssen, und sollte dies passieren, wird nie darüber gesprochen. Es ist nicht nur eine Schande für die Familie, es kann auch ein Hindernis sein, die anderen Kinder zu verheiraten."[54]

Im Roman sucht Deborah einen Wunderrabbi auf (S. 10 ff.). Joseph Roth selbst hat einmal, verzweifelt über die Krankheit seiner Frau, einen Wunderrabbi kommen lassen. Das war 1928, als er den Roman begann. In seinem Essay *Juden auf Wanderschaft* schreibt Roth:

Die Wunderrabbis

„Für die Chassidim ist der Wunderrabbi der Mittler zwischen Mensch und Gott. Die aufgeklärten Juden bedürfen keines Mittlers. [...] Dennoch können sich viele Juden, auch wenn sie keine Chassidim sind, der wunderbaren Atmosphäre, die um einen Rabbi weht, nicht entziehen, und ungläubige Juden und selbst christliche Bauern begeben sich in schwierigen Lagen zum Rabbi, um Trost und Hilfe zu finden."[55]

---

53 Zborowski/Herzog, S. 246.
54 Ebd., S. 283.
55 Roth: *Werke Bd. 2*, S. 841.

Das Weinen Mendels

Mendel Singer beginnt zu weinen, nachdem er die Schallplatte gehört hat (S. 106 f.). Wie ist dies zu beurteilen?

„Das Schtetl legt keinen Wert auf die Unterdrückung von Tränen, sie sind auch kein Kennzeichen und kein Vorrecht der Kindheit. Im Gegenteil, Weinen wird als ein ganz normales Ausdrucksmittel angesehen und gelegentlich als legitime Waffe. Es kann Gram oder Schmerz, Freude oder Ärger anzeigen oder den ohnmächtigen Groll eines Kindes, das gegen seine Eltern rebelliert und es nicht wagt, zu ‚widersprechen'. Man läuft wegen seiner Tränen nicht weg, um sie zu verbergen, denn sie sind nichts, weswegen man sich schämen muss, und manchmal sind sie sogar die richtige Reaktion."[56]

Pesach

Gegen Ende von *Hiob*, im 15. Kapitel, spielt das Osterfest – der eigentliche Name ist Pesach oder Pascha-Fest – eine besondere Rolle. In seinem Verlauf wird Mendels Sohn Menuchim erscheinen. Ostern ist ein Höhepunkt im jüdischen Kalender:

„‚Pesach' wird am Vorabend des fünfzehnten Tages des Mondmonats Nisan gefeiert. [...] In all seinen Formen erinnert das Fest an den Auszug des alten Israels aus Ägypten, wo die Männer als Sklaven arbeiten mussten. Dieses historische Ereignis wird in dem Fest zu einem theologischen Paradigma, das auf die künftige Erlösung hinweist und kosmische Dimensionen annimmt. Die mit dem Auszug verbundenen Wunder, von denen das Buch *Exodus* [2. Buch *Mosis*] berichtet, weisen auf die großen, auch die Naturkräfte mitumfassenden und schließlich zu einer völlig neuen Erschaffung des Himmels und der Erde führenden Wirren und Katastrophen der Endzeit hin.

---

56 Zborowski/Herzog, S. 265.

Der ‚seder', das rituelle Mahl der ersten Nacht des Festes, feiert in der Form eines gemeinsamen Abendmahls das historische Ereignis des Auszuges. […] Das ungesäuerte Brot, ‚massah', bezieht sich darauf, dass Israel in Eile das Elend Ägyptens verließ."[57]

Die Vorbereitungen für das Osterfest sind aufwendig (S. 108). Dies entspricht der ostjüdischen Wirklichkeit:

„Zuhause wird pejssach [Ostern] durch die große Hausreinigung des Jahres geehrt, ein Hausputz, der viel gründlicher und dramatischer ist als die verhältnismäßig moderate Reinigung, die zum Jahreswechsel [im Herbst nach jüdischem Kalender] stattfindet, oder als der wöchentliche Aufstand zum Sabbat. Für jene Tage wird das Haus gescheuert und poliert, für pejssach jedoch wird es total auf den Kopf gestellt. Alle Möbel werden nach draußen gebracht, jede Ecke wird gefegt, entstaubt, geschrubbt. Wenn möglich, werden die Wände neu geweißt."[58]

Die Juden und Amerika

Ein Blick auf Amerika! Die USA waren für die Juden ein freies Land und ein modernes Land:

„‚Freiheit' und ‚Modernismus' wirkten in ihrem gemeinsamen Vorkommen gleichsam als ein Strudel, der die jüdischen Einwanderer mitriss und dem sie kaum etwas entgegensetzen konnten. Sie kämpften auch nicht wirklich gegen ihn an. Als Immigranten waren sie größtenteils in relativ jungem Alter und mit großer Risikobereitschaft in die USA gekommen und waren nicht nur dem materiellen Elend entflohen, sondern – von der ‚tachlis' [dem Zweck, dem

57 Sigal, S. 254 f.
58 Zborowski/Herzog, S. 305.

Ziel] getrieben – suchten auch nach neuen Entfaltungschancen. Aufstiegsbedacht und unternehmungslustig stießen sie in New York in einen Freiheitsraum, den sie aufgrund des Nichtvorhandenseins elterlicher Autorität ohne Schwierigkeiten nutzen konnten und in den sie auch wegen des Fehlens anderer traditionsbewahrender Kräfte, wie es die Rabbiner gewesen wären, gedrängt wurden."[59]

Zwei wichtige Feststellungen sind dabei zu machen:

„Es waren die Armen [unter den Juden in Osteuropa], deren Möglichkeiten am geringsten waren; sie wanderten aus. So war es kein repräsentativer Querschnitt durch die jüdische Bevölkerung Osteuropas, der vor dem Ersten Weltkrieg nach Amerika emigrierte, sondern vielmehr ein Großteil der Unterschicht."

„Die Juden aus Russland kamen ohne einen Pfennig in den Vereinigten Staaten an. Die meisten hatten keinerlei Ausbildung, auch nicht in Religion und Tradition. Aber in weniger als zwei Generationen schafften sie es, an die Spitze der nordamerikanischen Gesellschaft zu gelangen."[60]

## Das Leiden der Juden

Pogrome

Berüchtigt sind die grausamen Pogrome. Pogrom heißt wörtlich ‚Verwüstung'.

„Pogrom: russischer Ausdruck, der einen Angriff mit Plünderung und Morden eines Teils der Bevölkerung gegen einen anderen bezeichnet; er wird weltweit benutzt, um ein Massaker gegen Juden

---

59 Hödl, S. 217.
60 Hertzberg, S. 83 und 82.

in Russland zu bezeichnen. Pogrome fanden in großer Zahl von 1881 bis 1921 statt, sodass man sogar eine Typologie der Pogrome aufstellen konnte. Sie geschahen in politischen und ökonomischen Krisen und wurden dadurch gefördert, dass die Behörden und die Armee nicht eingriffen (oder sie sogar heimlich unterstützten).

Die erste Welle der Pogrome fand zwischen 1880 und 1884 statt; zu nennen sind vor allem die von Jelisawetgrad (heute Kirovograd, 15. April 1881), Kiew (26. April), Odessa (3. bis 5. Mai), Warschau (Dez. 1881/Jan. 1882), Balta (22. März 1882). [...] Zwischen 1903 und 1906 hatte die zweite Welle der Pogrome ihre Höhepunkte in denen von Kischinew (6. April 1903), Schitomir (Mai 1905) und Bialystok (1. Juli 1906). Die dritte Welle, die grausamste, folgte auf den russischen Bürgerkrieg (1917–1921). [...]

Eine Bilanz der Pogrome aufzustellen ist schwierig. Man zählt 887 große und 349 ‚kleinere' Pogrome; über 60 000 Tote soll es gegeben haben. [...] Eines der russischen Ziele wurde erreicht: Die Auswanderung nach Westen nahm stark zu."[61]

Über ein Pogrom in Kiew im Oktober 1905 ist zu sagen:

Pogrom in Kiew 1905

„Weder Armee noch Polizei hielten die Zerstörer zurück, die ungehindert drei Tage lang Amok liefen. Vielmehr schützten die Soldaten die Schlägerbanden vor der jüdischen ‚Organisation für Selbstverteidigung'. Die Täter gingen gegen Häuser der Wohlhabenden vor, aber vor allem waren ihre Angriffe gegen die armen Bewohner der Vororte gerichtet."[62]

---

61 Gérard Nahon in: *Encyclopaedia Universalis*. Bd. 27. Thesaurus – Index. Paris: EU, 2002, S. 3634.
62 *Encyclopaedia Judaica*. Bd. 10. Jerusalem: Keter, 1971, S. 994.

Der letzte Satz ist wichtig, denn offiziell wurden die Pogrome damit begründet, dass reiche Juden arme Mitbürger ausbeuteten.

Jüdische Auswanderung als Geschäft

Die Auswanderung eines Juden hatte ihre schlimmen Seiten, mehr, als der Roman andeutet:

„Der Massenexodus aus Osteuropa nach den USA war ein Riesengeschäft für die Schifffahrtslinien, die häufig von den Regierungen unterstützt wurden, wie es im Falle Deutschlands recht augenscheinlich war, wo 1894 an der Grenze Inspektionszentren eingerichtet wurden, die nur jene Durchreisenden passieren konnten, die Tickets für deutsche oder von der Regierung zugelassene Schiffslinien besaßen. [...]

In der Hafenstadt angekommen, mussten die Juden meist noch einige Tage auf die Abfahrt ihrer Schiffe warten. Während dieser Zeit fanden sie in primitiven Notunterkünften Unterschlupf, die den einzelnen Schifffahrtsunternehmungen gehörten und eine weitere Geldquelle für diese darstellten, indem sie, oft bei unzumutbarem Zustand, den Juden zu horrenden Preisen zur Verfügung gestellt wurden [...].

Gelangte man nun endlich an Bord eines Schiffes, ohne bislang seines Gepäckes oder Geldes verlustig gegangen zu sein, so war man während der nächsten Tage weiteren beschämenden bis unmenschlichen Verhältnissen ausgesetzt, die von überbelegten Räumlichkeiten, kaum genießbarer Verpflegung, fehlender medizinischer Versorgung bis zu Brutalitäten und sexuellem Missbrauch der Frauen seitens der Schiffsbesatzung reichten."[63]

---

63 Hödl, S. 99, 102.

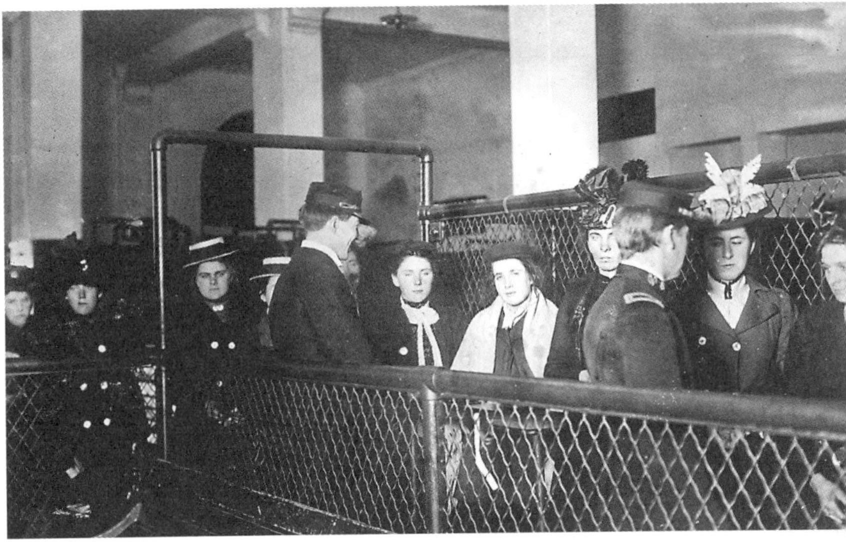

Einwanderung USA, Ellis Island, New York: Ankunft von Frauen; um 1910 © ullstein bild – histopics

Die Abfertigung der Einwanderer, über die Roth S. 69 f. berichtet, fand auf der Insel Ellis Island vor Manhattan statt.

Ellis Island

„3 000 Menschen haben in Ellis Island Selbstmord begangen. 250 000 wurden zurückgeschickt, [...] zwei von hundert. Wer zurück musste, hatte meist die ärztliche Untersuchung nicht bestanden, hatte die Krätze, TB oder eine gefürchtete, teuflisch ansteckende Augenkrankheit, das Trachom."[64]

64 Eva-Elisabeth Fischer: *Durchgangsstation zur Freiheit*. Süddeutsche Zeitung, 23. Dezember 2003.

Die Stadt Dubno

Dubno, die Kreis- und Behördenstadt, die im Roman für Mendel Singer zuständig ist (S. 47, 52–56), hatte mehrheitlich jüdische Bevölkerung. Dies war ihr späteres Schicksal:

„Als der deutsch-sowjetische Krieg ausbrach (Juni 1941), flohen Hunderte junger jüdischer Männer in das Innere der Sowjetunion. Vor dem Einmarsch der Nazis lebten etwa 12 000 Juden in der Stadt. Nachdem die Deutschen Dubno besetzt hatten (25. Juni), mordete und plünderte die ukrainische Bevölkerung ungehindert, während die Deutschen der jüdischen Gemeinde 100 000 Rubel abpressten. Am 22. Juli 1941 wurden auf dem örtlichen Friedhof 80 Juden von den Nazis hingerichtet; 900 weitere wurden einen Monat später umgebracht. [...] Die jüdische Bevölkerung wurde zu Zwangsarbeit eingeteilt, viele kamen unter den unmenschlichen Bedingungen um."

Der Terror ging weiter:

„Anfang April 1942 wurde das Ghetto eingerichtet, und am 27. Mai zog die deutsche Polizei ein, die über 5 000 ‚nicht arbeitsfähige' Juden ‚auswählte', um sie zu erschießen und in Massengräbern außerhalb der Stadt zu verscharren. Die Zerstörung der noch verbliebenen jüdischen Gemeinde wurde im Sommer und bis Oktober fortgesetzt, und in einer abschließenden ‚Aktion' zur Liquidierung des Ghettos wurden die letzten 3 000 Juden ermordet, unter ihnen etwa 150, die man in Verstecken fand. Am Ende des Krieges waren nur noch 300 Juden von Dubno am Leben, einschließlich derer, die aus der Sowjetunion zurückgekehrt waren."[65]

---

65 *Encyclopaedia Judaica*. Bd. 6. Jerusalem: Keter, 1971, S. 250.

Die Schweizer Schriftstellerin Salcia Landmann (1911–2002), der jüdischen Bevölkerung von Zolkiew bei Lemberg entstammend, stellt fest:

Synagogen

„Die kleinern Synagogen waren aus Holz, und sie unterschieden sich nur durch andere religiöse Insignien von den Holzkirchen der Ruthenen. Von ihnen blieb im Zweiten Weltkrieg nicht eine einzige erhalten. Unheimlich stereotyp pflegte die SS kurz nach dem Durchmarsch der deutschen Truppen die ganze jüdische Gemeinde in die Synagoge zu treiben und mit dem Gebäude zusammen zu verbrennen.

Doch auch die steinernen Synagogen wurden fast alle vernichtet, obwohl das nicht so einfach war."[66]

Ein Bericht aus unserer Zeit! Im Jahre 2004 unternimmt die Journalistin Hedwig Gafga eine Reise in die Ukraine. Die Ukraine, seit 1991 ein unabhängiger Staat, umfasst das Gebiet, in dem *Hiob* spielt. Gafga berichtet von Juden, die dorthin pilgern. Erinnert die Szene nicht an Mendel Singer?

Reise in die Ukraine

„Wir erfahren von der Ankunft einer Gruppe strenggläubiger chassidischer Juden aus Israel. [...] Am Rand eines Ortes hält der Bus vor einem Müllhaufen, in dem ein Hund herumwühlt, dahinter befindet sich eine eingestürzte Synagoge. Die Männer laufen um die Synagoge, springen zurück in den Bus. Nach kurzer Fahrt halten wir an einem riesigen, mit einem neuen Zaun umsäumten Feld, auf dem nur drei Grabsteine stehen. Die Männer legen ihre Gebetsriemen an, stellen sich im Halbkreis um einen der Grabsteine, den einer mit der Hand berührt. Sie beginnen, den Oberkörper wiegend,

66 Salcia Landmann: *Erinnerungen an Galizien.* Wiesbaden, München: Limes, 1983, S. 59 f.

Gebete zu murmeln, jeder in seinem Rhythmus. Eine merkwürdige Gesellschaft hat sich da zusammengefunden, der russische Busfahrer, die betenden Juden, deutsche Journalisten, sonst weit und breit niemand. Aber die Erinnerung an das versunkene Galizien wird plötzlich lebendig."[67]

---

67 Hedwig Gafga: *Zwischen Stolz und Sehnsucht.* In: chrismon. Das evangelische Magazin. 7/2004, S. 30.

# 6. PRÜFUNGSAUFGABEN MIT MUSTERLÖSUNGEN

Unter www.königserläuterungen.de/download finden Sie im Internet zwei weitere Aufgaben mit Musterlösungen.

Die Zahl der Sternchen bezeichnet das Anforderungsniveau der jeweiligen Aufgabe.

## Aufgabe 1 *

**„Dann ergriff Mendel seinen Löffel, schlug damit gegen ein Teeglas, und sofort wandte Menuchim den Kopf, und ein kleines Lichtlein flammte in seinen großen, grauen, hervorquellenden Augen auf." (S. 28, Z. 38–41)**

**a) Interpretieren Sie diesen Satz.**

**b) Ordnen Sie ihn in das gesamte Romangeschehen ein.**

### Mögliche Lösung in knapper Fassung:

INTERPRETATION

**a)** Dieser Satz beschreibt, wie Mendel Singer sich intensiv seinem behinderten Sohn zuwendet und zu seiner Freude durch ein Geräusch am Teeglas die Aufmerksamkeit des Sohnes findet. Wir erleben die Szene aus der Sicht des Vaters. In dem Wort „sofort" bemerken wir seine freudige Überraschung angesichts der Reaktion, und die Erwähnung der „großen", der „hervorquellenden Augen" bezeichnet den tiefen Eindruck auf den Vater. Hier redet ein personaler Erzähler in poetischer Sprache. Die Freude des Vaters zeigt sich auch in der Ausdrucksweise „ein kleines Lichtlein flammte [...] auf": Er bemerkt in den Augen die Reaktion, gesteht sich ein, dass es nur eine ‚kleine' Reaktion ist, und hält sie aber hyperbolisch (d. h.

übertreibend) für ein ‚Aufflammen', als ginge es um ein loderndes Feuer.

Dieser Moment mit der Reaktion des Sohnes steht im Gegensatz zu den Minuten, die ihm vorausgehen und ihm folgen. Mendel versucht mehrfach, das Wort an Menuchim zu richten, und wird enttäuscht: „Aber Menuchim regte sich nicht", heißt es im Satz davor und ebenso 11 Zeilen später. So erhält das Glücksgefühl Mendel, das aus unserem Satz spricht, durch die anderen Sätze seine tiefe Begründung.

EINORDNUNG

**b)** Das Geschehen in diesem Satz zeigt, dass Menuchims Begabung in der Musik liegt. Dazu passt, dass im nächsten Satz, als Mendel leise zu singen beginnt, Menuchim „eine deutliche Unruhe" zeigt und das Leuchten der Augen sich eine Weile erhält („das lauschende Licht", am Ende des Absatzes). Tatsächlich wird Menuchim später ein erfolgreicher Musiker, und entsprechend bekennt er seinem Vater dann, dass das Teeglas-Geräusch seine früheste und schönste Erinnerung sei: „Du klingelst an ein Glas mit einem Löffel. Es war ein wunderbares Klingeln" (S. 126). Damit ist unserer Satz sogar eine Vorausdeutung auf den großen, für Mendel so glücklichen Auftritt Menuchims am Ende des Romans. Dieser Satz und die Prophezeiung des Wunderrabbis („Menuchim, Mendels Sohn, wird gesund werden. [...] seine Ohren hell und voll Widerhall", S. 12) sind zusammengehörende Vorausdeutungen auf den ‚Helden' Menuchim, wobei in der einen Vorausdeutung der Vater eine Rolle spielt, in der anderen die Mutter (die ihn zum Wunderrabbi getragen hat). Menuchim wird also immer in seiner Position als Sohn dargestellt, die Existenz der Familie wird betont.

Achten wir auf den Vater Mendel; auch über ihn erfahren wir viel. Mendel macht diese Erfahrung: Sein Sohn reagiert auf musikalische Geräusche, während er auf das Sprechen Mendels nicht reagiert.

Dabei hat Mendel den Einsatz der Sprache genau kalkuliert: „Er nannte zehnmal hintereinander Menuchims Namen", heißt es im Satz zuvor, und damit agiert er wie der Gott des Alten Testaments, der (*Jesaja* 43, 1) sagt: „Ich habe dich bei deinem Namen gerufen; du bist mein!" Gleich danach spricht Mendel seinem Sohn den ersten Satz der Bibel vor: „Am Anfang schuf Gott Himmel und Erde." Doch Mendels Sprechen ist erfolglos, die Besinnung auf die Bibel und auf das hohe Ansehen, das das Wort im jüdischen Glauben hat, helfen Mendel nicht weiter. Es gibt, dies lernt Mendel hier, neben der Sprache ein weiteres Mittel, zwischenmenschlich zu kommunizieren, nämlich die Musik. Mendels Sorge für seinen Sohn führt ihn also weg von seinem jüdischen Denken – und auch weg von seinem Lehrerberuf, in dem er Kinder Bibeltexte lernen lässt (S. 6) –, und er muss sogar erleben, dass Menuchim auf „den Gesang der Glocken" (4 Absätze später) achtet, der christlichen Glocken. Die Erfahrung von der Rolle der Musik für das Kommunizieren ist wohl ein Schlüsselerlebnis Mendels; sie bereitet die große Szene in New York vor, als er voller Rührung das Lied vom Grammofon hört (S. 106 f.).

Mendel lernt, indem ihm Menuchims Leuchten der Augen auffällt, auf die Augen der Menschen zu achten. Am Ende des Romans nimmt er Menuchims Augen wahr; sie „waren ihm nahe" (S. 118).

Als Menuchim von früher erzählt und dabei seine Brille abnimmt, erscheinen Mendel die Augen Menuchims „traurig und müde" (S. 126). Mendel mag offenbar Menuchim am liebsten mit Brille sehen. Andererseits erscheinen ihm die Brillengläser „kalt" (S. 123). Roth sagt damit: Der spontane angenehme Augenkontakt gelingt nicht mehr, der einstige Moment der überraschend leuchtenden Augen ist ein besonderes, unwiederholbares Glückserlebnis.

## Aufgabe 2 **

**Der Brief Schemarjahs an seine Angehörigen im 6. Kapitel von *Hiob* (S. 37 f.):**
**a) Fassen Sie den Brief zusammen.**
**b) Analysieren Sie Schemarjahs Selbstdarstellung.**
**c) Beurteilen Sie Roths Bestreben, durch den Brief die amerikanischen Verhältnisse sichtbar zu machen.**

### Mögliche Lösung in knapper Fassung:

BRIEFZUSAMMENFASSUNG

**a)** Schemarjah richtet laut seiner Brief-Anrede das Schreiben an seine Eltern und die beiden bei ihnen lebenden Geschwister. Er sagt, dass er als Deserteur mit dem Soldaten Jonas nicht korrespondieren könne, dass er schon die Korrespondenz mit seinen Eltern als eine Gefahr für Jonas ansehe und er daher seinen Freund Mac beauftragt habe, den Brief zu überbringen.

Sodann berichtet er sein Leben seit dem Abschied vor zwei Jahren. Er hat nach seinem illegalen Grenzübertritt bei einem Agenten einer Triestiner Schiffsgesellschaft gearbeitet und dabei Deserteure an der Grenze abgeholt, sie zur Auswanderung überredet und ihnen Fahrkarten und falsche Pässe verkauft. Dann ist er selbst nach Amerika emigriert, hat zuerst von primitiven Flickarbeiten gelebt und ist nun als Versicherungsvertreter tätig. Dank seines neuen Freundes Mac hat er zu diesem Gewerbe gefunden. Vor zwei Monaten hat er Vega, ein Mädchen, das er vor seiner Abfahrt nach Amerika kennengelernt hat, nachkommen lassen und sie geheiratet. Schemarjah kündigt noch an, dass er seinen Eltern Schiffsfahrkarten senden werde, und unterschreibt am Ende mit dem Zusatz „hier heiße ich Sam".

ANALYSE

**b)** Durch die Anreden, z. B. „Lieber Vater", „teure Mirjam", stellt sich Schemarjah als anhänglicher Sohn und Bruder dar. Seine Erörterung der Gefahren des Korrespondierens zeigt ihn als einen umsichtigen Menschen. Die Anhänglichkeit und die Umsicht werden noch deutlicher am Ende, wo er nicht nur die zehn Dollar erwähnt, die er Mac als Geschenk für seine Eltern mitgegeben hat, sondern ihnen auch Schiffskarten verspricht. Er ersehnt und will tatkräftig dazu beitragen, dass seine Angehörigen ihm nach Amerika folgen. Dieses Engagement ist auch ein Zeichen seiner Ehrlichkeit. Ebenso lassen sein lebendiger Briefstil, sogar mit wörtlichen Reden, und sein Bekenntnis, Notlagen erlebt zu haben („nur zwei Rubel in der Tasche", S. 38, Z. 2 f.), ihn als einen ehrlichen Charakter erscheinen.

Schemarjah legt auch dar, dass er tüchtig ist. Er nennt seine Arbeit für den Agenten in Europa, sein Aufgeben dieser Stelle um der Emigration willen und seinen Aufstieg in New York zum Versicherungsvertreter. Mehrfach deutet er an, dass er sich anderen gegenüber überlegen fühlt: „Nach zwei Monaten sage ich ihm [dem Agenten], ich müsse sechzig Prozent haben" (statt fünfzig, S. 38, Z. 21 f.), „in Schiffen kenne ich mich aus" (S. 38, Z. 28), „fast wäre ich ein Schneider geworden, wie alle Juden in Amerika" (S. 38, Z. 33 f.). Schemarjah präsentiert sich sogar als amerikanischer Erfolgsmensch. Dies zeigt sich in seiner Angabe, er habe vorübergehend „allerhand Geschäfte" betrieben (S. 38, Z. 37), und darin, dass er das Wort „Well" benutzt (S. 38, Z. 17) – im Sinne von: ‚es ist gut und es soll gut weitergehen' –, und vor allem darin, dass er sich den amerikanischen und prägnant kurzen Vornamen „Sam" (S. 38, Z. 43) zugelegt hat und mit diesem Namen sogar den Brief beschließt. Wenn es um den Erfolg geht, kann es geschehen, dass er seine Ehrlichkeit zeitweise aufgibt. (Er will anderen etwas „einreden", S. 38, Z. 17.)

Schemarjah schließt auch gern Freundschaften. Er erzählt, dass er Mac kennengelernt (S. 38, Z. 34 f.) und als „guten Freund" (S. 37, Z. 35 f.) gewonnen habe, und berichtet von seiner Freundin Vega und der Heirat mit ihr (S. 38, Z. 23–31). Wieder aus Anhänglichkeit gegenüber seinen Eltern hat er Bilder von Vega mitgeschickt (S. 38, Z. 31) und stellt Vega so vor: „Eure Schwiegertochter" (S. 38, Z. 24).

Er deutet vorsichtig an, dass ihm die jüdische Kultur gleichgültig geworden ist: Er wollte nicht Schneider sein wie angeblich „alle Juden in Amerika" (S. 38, Z. 33 f.), und sein Freund Mac ist ein nichtjüdischer Amerikaner. Er hat ihn bei einem wohl typischen ‚amerikanischen Ausflug' nach Long Island zur US-Gedenkstätte „Fort Lafayette" (S. 38, Z. 35) kennengelernt, und er sagt über ihn: „Aber er ist besser als zehn Juden." (S. 37, Z. 39 f.). Dieses Lob, das den Nichtjuden aufwertet, macht deutlich: Schemarjah hängt nicht mehr an der jüdischen, sondern an der modernen amerikanischen Kultur.

Insgesamt stellt sich Schemarjah als ein am Erfolg orientierter amerikanischer Bürger dar, der offen gegenüber den Mitmenschen ist und seine Familie weiterhin liebt, aber auf ihre jüdische Kultur keinen Wert mehr legt.

BEURTEILUNG

**c)** Joseph Roth hat seinen Roman so konzipiert, dass sein Erzähler immer der Hauptfigur Mendel Singer nahe bleibt; der Titel *Hiob* deutet darauf hin. Im Erzählfortgang kommt ein Wechsel des Schauplatzes nach Amerika erst infrage, wenn Mendel selbst emigriert.

Gleichwohl ist es notwendig, Schemarjahs Lebensgang nach dem Abschied und dem spannenden Grenzübertritt weiter zu berichten. Dies gelingt Roth durch den Trick, Schemarjah in Amerika einen Brief schreiben und ihn in Russland, am alten Schauplatz, vorlesen zu lassen. (Ähnlich gehen Dramatiker vor, die den sog.

Botenbericht benutzen, um das Geschehen eines fernen Schauplatzes, der für die Bühne nicht passt, mitzuteilen.)

Dieser Einsatz des Briefes hat den Vorzug, dass nicht nur, wie gesagt, ein Schauplatzwechsel vermieden wird, sondern dass, eben im Brieftext, zwei Jahre poetisch prägnant zusammengefasst werden. Zugleich wird der Leser in das Erzählgeschehen einbezogen: Nicht nur den Anwesenden wird der Brief vorgelesen, sondern auch der Leser hat das Gefühl, er werde ihm vorgelesen. So wie Schemarjahs Brief die Eltern zu einem Leben in Amerika verlockt und für dieses Leben vorbereitet, so macht er auch den Leser auf Amerika und die weitere Handlung neugierig. Der Brief ist eine sehr gute Vorausdeutung auf den zweiten Teil von *Hiob*, der das Leben und die Probleme in Amerika behandelt.

Allerdings kann man Roths Verfahren auch kritisieren. Dieser Brief passt nicht in das insgesamt realistische Erzählen. Denn er ist ein kleines poetisches Kunstwerk, und zu dieser Leistung ist Schemarjah nicht in der Lage, da er selbst sagt, er könne nur ‚ein bisschen' schreiben (S. 38, Z. 13).

## Aufgabe 3 **

**Analysieren und interpretieren Sie die Szene am Meer im Schlusskapitel: „Und sie gelangten in eine Welt, wo der weiche Sand gelb war" (S. 127, Z. 41, bis S. 128, Z. 31).**

### Mögliche Lösung in knapper Fassung:

ANALYSE UND INTERPRETATION

Die Szene spielt in der Nähe von New York. Roth hat sich offenbar einen Ausflugsort mit Strandatmosphäre vorgestellt, wie die einleitenden Hinweise auf den gelben Sand und die weißen Häuser (S. 127, Z. 41 f.) andeuten. Diesen Ausflugsort hat Menuchim mit seinem Vater Mendel aufgesucht.

Es herrscht eine personale Erzählatmosphäre vor: Der Erzähler denkt sich in Mendel und seine Gefühle hinein und nimmt von daher das Geschehen wahr. Er spricht von den Amseln, die „dicht an ihn“ (an Mendel) heranhüpfen (S. 128, Z. 3) und von den „vielen Enkeln“ (Z. 11), auf die Mendel offenbar hofft; er weiß von Mendels „verbotene[m] Verlangen“, die Mütze abzulegen (Z. 12 f.). Die Möwe, als „ein silbernes Geschoss des Himmels“ gesehen (Z. 20), entspricht Mendels glücklichem inneren Zustand. An einigen Stellen gibt sich der Erzähler als ein neutraler Erzähler, der das Beobachtete sachlich wiedergibt, aber auch da steht Mendel im Mittelpunkt: „Er schlürfte einen goldbraunen Tee“ (Z. 1), und die „gekräuselten Härchen“ auf seinem Kopf bewegte ein Frühlingswind (Z. 17). Der Dialog ab Zeile 24 – auch hier der neutrale Erzähler – ist die einzige Passage, in der der Sohn eine Rolle spielt. Kurz tritt ein auktorialer Erzähler auf, der allwissend kommentiert: „Und zum ersten Mal in seinem Leben entblößte Mendel Singer aus freiem Willen sein Haupt“ (Z. 14–16). Wieder steht Mendel im Mittelpunkt.

Eine große Rolle spielt in dieser Szene die Natur: „der weiche Sand“ (S. 127, Z. 41), „die erste warme Sonne“ (S. 128, Z. 2), die erwähnten Amseln und die Möwe; auch Naturgeräusche erscheinen: das der Wellen (ihr „sanfte[r] Schlag“, Z. 5) und der Amseln (sie „flöteten“, Z. 3). Diese Gegenwart der Natur steht im Kontrast zu der Großstadtatmosphäre von New York mit ihren Lichtern und ihrem Lärmen (siehe zum Beispiel S. 125). So kann diese Natur Mendel an seine dörfliche Heimat erinnern, etwa an die „junge Mondsichel“ mit ihrem „silbernen Glanz“ (S. 43) oder an die „Wiesen“ und die „gelbe[n] Schlüsselblumen“, an die er sich schon einmal besonnen hat (S. 94). Das ‚Gelbe‘ wiederholt sich jetzt im „gelb[en] Sand“ (S. 127, Z. 41). Jedoch nimmt Mendel die Natur hier anders wahr als in der Heimat. Dort trillerten die Lerchen „über dem Haus“ und zugleich „unter dem Himmel“ (S. 47, ähnlich S. 16). Hier aber ist die

Möwe nicht mehr ‚unter dem Himmel', sondern sie ist wie ein „Geschoss des Himmels" und kommt „unter das Zeltdach" (S. 128, Z. 20 f.). Man kann also sagen: Früher sah Mendel eine Trennung zwischen der Erde und dem Himmel über ihr, jetzt verbindet er in Gedanken die Erde mit dem Himmel.

Man könnte den Himmel als eine Allegorie des Geistigen, des nur Vorstellbaren, verstehen und kommt dann zu dem Schluss: Früher hat Mendel die Natur vom Geistigen getrennt, nun gehören für Mendel die Natur und das Geistige zusammen. Mendel hat eine Denkweise gewonnen, die das Sichtbare und das nur Vorgestellte als gleichwertig anerkennt. Mendel spürt eine ‚Ganzheit' der Welt, wie es der Satz (des auktorialen Erzählers) mit dem Wort ‚so' ausdrückt: „So grüßte Mendel Singer die Welt." (Z. 19)

Damit setzt die Szene fort, was früher im Moment des Grammofon-Hörens begonnen hatte: Das Lied auf der Platte hatte Mendel den Eindruck gegeben: „Die ganze [!] Welt höre ich jetzt" (S. 107). Das Lied war ihm damals „groß wie das Meer" erschienen (ebd.); nun hat er das Meer erreicht.

Zugleich zeigt sich bei Mendel eine neue Vorstellung vom Menschsein. Früher hat er die Menschen in ihrer Abhängigkeit von Gott gesehen. Jedes menschliche Verhalten hat er gemäß den göttlichen Geboten bewertet (genauer: gemäß den göttlichen Geboten des Judentums); „so steht es geschrieben", war sein Hauptargument, wenn er menschliches Verhalten beurteilte (S. 27, ähnlich S. 84). Nun ist die Natur und damit auch der Mensch aufgewertet, der Mensch zählt ‚als solcher'. Daher denkt sich Mendel „umringt von vielen Enkeln" (S. 128, Z. 10 f.), sieht die Tiere und die Menschen als verwandt an (indem er die „Schwestern" der Amseln erkennt, Z. 3) und denkt an die letzten Sätze des biblischen Buches *Hiob*, in dem Gott keine Rolle spielt (sondern nur vom Tod – „satt am Leben" [Z. 11] – die Rede ist).

Nochmals zu dem Satz: „So grüßte Mendel Singer die Welt" (Z. 19)! Aus ihm klingt auch heraus, dass Mendel gegenüber der Welt selbstbewusst ist. Er ‚versinkt' nicht in der Natur. Dazu passt der Umstand, dass die Szene nicht direkt in der Natur stattfindet. Mendel und sein Sohn haben Platz genommen am Rande der Natur in dem kultivierten Ambiente eines Cafés: an einem „weißen Tischchen" auf der „Terrasse" (S. 127, Z. 42 f.). Vater und Sohn haben eine ausgewogene Mittellage zwischen der Großstadt-Hotel-Welt und der reinen Natur erreicht. Von keinem dieser Bereiche ist Mendel abgeschnitten. In dieser mittleren und damit privilegierten Lage bewahrt er seine Souveränität.

### Aufgabe 4 ***

**Setzen Sie sich auseinander mit den Begriffen ‚Glück' und ‚Wunder' in den Schluss-Sätzen von *Hiob*: „Mendel schlief ein. Und er ruhte aus von der Schwere des Glücks und der Größe der Wunder." (S. 129)**

### Mögliche Lösung in knapper Fassung:

AUSEINANDERSETZUNG MIT DEN BEGRIFFEN GLÜCK UND WUNDER

Der erste Eindruck ist, dass diese Sätze die letzten Kapitel des Romans zusammenfassen. Denn die Hauptperson und ihre wunderbaren Erfahrungen werden genannt.

Genauer ist zu sagen: Es spricht ein auktorialer Erzähler, der zuerst einen Sachverhalt mitteilt – Mendels Einschlafen – und dann abstrakte Begriffe nennt: das Glück und seine Schwere, die Wunder und ihre Größe. Diese vier Nomen geben dem Roman einen überraschenden und den Leser emotional packenden Schluss. Dieser Schluss steht in Kontrast zum Beginn des Romans, der gedämpft wirkt und die Normalität betont (durch die Ausdrücke „gewöhnlich", „alltäglicher Jude", „unbedeutend" u. a.; S. 5, Z. 2–9).

Dabei bewegt sich der Erzähler zwischen den Zeiten. Mendels Einschlafen findet in der Gegenwart der Erzählsituation statt; das „Glück" meint den unerwarteten Auftritt des Sohnes und das Zusammensein mit ihm in den vergangenen vierundzwanzig Stunden; die „Wunder" (das Wort steht im Plural!) beziehen sich auf das Wiedersehen mit dem Sohn, aber auch auf die Zukunft, die ersehnten Errettungen Mirjams und Jonas'. Denn zuvor hat sich Mendel gesagt: „Eben hat er [der Mensch] ein Wunder erlebt, schon will er das nächste sehn." (S. 127, Z. 11 f.) Gegenwart, Vergangenheit und Zukunft greifen ineinander, wobei sich sogar die Grenzen zwischen den Zeiten verwischen. Denn es heißt, Mendel ruhe aus; er ruht aus auch von dem, was erst geschehen soll. Diese unlogische Verwischung der Zeiten hat etwas Traumhaftes und passt dazu, dass Mendel einschläft. Die Begriffe ‚Glück' und ‚Wunder' sorgen also nicht nur für einen emotional packenden Schlusssatz, sondern lassen auch eine unklare und unlogische Traumwelt aufscheinen.

Gehen wir in die Details. Was ist mit der „Schwere" des Glücks gemeint? Das Wort ‚schwer' hat die Bedeutung ‚von Gewicht', ‚groß' (ein schwerer Stein, schwerreich); es heißt sodann auch ‚seelisch belastend' (ein schwerer Vorwurf, ein schweres Leben); es bedeutet auch ‚schwierig' (eine schwere Aufgabe, ein schweres Rätsel). Die Wendung „Schwere des Glücks" besagt also, dass Mendels Zusammensein mit seinem Sohn ein großes Glück ist, das ihn aber auch seelisch belastet und das Schwierigkeiten bereitet. Die seelische Belastung und die Schwierigkeiten könnten darin liegen, dass Mendel sein inneres und äußeres Leben erneut ändern muss und dass zum Beispiel zu entscheiden ist, wo Mendel leben wird: weiterhin in New York oder in der Heimat oder an einem neuen vom Sohn ausgewählten Ort, in jüdischem oder anderem Umfeld. Statt „Schwere des Glücks" hätte der Erzähler auch sagen können: ‚das schwere Glück'. Diese Wortumstellung „Schwere des Glücks" betont das Schwer-Sein. (Man nennt diese Umstellung ein Hendiadyoin, d. h. (griech.) ‚aus einem [Nomen] mach zwei'.) Der Ausdruck „Größe der Wunder" zeigt an, dass die Zukunft und die Wunder, die sie bringen könnte, noch unabsehbar sind. (Auch „Größe der Wunder" ist ein Hendiadyoin.)

Insgesamt gibt der Erzähler zu verstehen, indem er von Glück und Wundern spricht, dass bedeutende frohe Ereignisse Mendels Leben bereichert haben und weiterhin bereichern werden und ihm dabei gewisse Anstrengungen abfordern. Was genau Mendel erleben und wie er es erleben wird, verrät der Erzähler nicht. Er weigert sich damit, den Roman in einem konkreten Sinne abzuschließen. Der Roman endet also mit Glücksgefühlen, aber auch mit ungelösten Problemen.

Eine Zusatzüberlegung: Wesentlich ist die Aussage, Mendel schlafe ein und ruhe aus. Mendel rückt damit in den Hintergrund. Man vergisst ihn fast bei den allerletzten Worten. Die ‚Schwere des Glücks' und ‚Größe der Wunder' erscheinen damit von Mendel losgelöst. Sie sprechen für sich selbst, sie zeigen sich als wichtige Phänomene der menschlichen Existenz. Die Schluss-Sätze lassen also an die Grundfragen unseres Daseins denken; auch auf diese Weise sind sie emotional packend.

# LITERATUR


## Zitierte Ausgabe:

**Roth, Joseph:** *Hiob. Roman eines einfachen Mannes.* Husum/Nordsee: Hamburger Lesehefte Verlag, 2010 (Hamburger Leseheft Nr. 225, Heftbearbeitung: Martin Lowsky).

## Gesamtausgabe:

**Roth, Joseph:** *Werke*. 6 Bände. Hg. v. Klaus Westermann [ab Bd. 4 v. Fritz Hackert]. Köln: Kiepenheuer & Witsch, 1989–1991. – *Hiob* befindet sich in Bd. 5, S. 1–136.

## Neuerdings erscheinen reich kommentierte Roth-Ausgaben; zu nennen sind vor allem:

**Joseph Roth:** *„Ich zeichne das Gesicht der Zeit". Essays – Reportagen – Feuilletons.* Hg. v. Helmuth Nürnberger. Göttingen: Wallstein, 2010, S. 499–539 → Eine gute Werkauswahl mit vorzüglichen Erläuterungen, auch zur Persönlichkeit Roths.

**Joseph Roth:** *Radetzkymarsch.* Hg. v. Werner Bellmann. Stuttgart: Reclam, 2010.

## Briefausgaben:

**Roth, Joseph:** *Briefe 1911–1939.* Hg. v. Hermann Kesten. Köln, Berlin: Kiepenheuer & Witsch, 1970.

**Roth, Joseph und Stefan Zweig:** *„Jede Freundschaft mit mir ist verderblich". Joseph Roth und Stefan Zweig – Briefwechsel 1927–1938.* Hg. v. Madeleine Rietra und Rainer Joachim Siegel. Göttingen: Wallstein, 2011.

**Übergreifende Darstellungen:**

**Abendroth, Friedrich:** *Reichs- und Bundesvolk. Das zweifache Zeugnis des Joseph Roth.* In: Bronsen: *Joseph Roth und die Tradition,* S. 87–97.

**Arnold, Heinz Ludwig (Hg.):** *Joseph Roth.* München: text + kritik, 1982 → Eine sehr vielseitige, heute noch aktuelle Sammlung von Roth-Studien.

**Ausserhofer, Hansotto:** *Joseph Roth und das Judentum. Ein Beitrag zum Verständnis der deutsch-jüdischen Symbiose im zwanzigsten Jahrhundert.* Dissertation, Bonn, 1970.

**Beug, Joachim:** *Sprachkrise und Sprachgläubigkeit im Werk Joseph Roths.* In: Bronsen: *Joseph Roth und die Tradition,* S. 345–363.

**Bronsen, David:** *Joseph Roth. Eine Biographie.* München: dtv, 1981 (zuerst 1974) → Berühmte Lebensbeschreibung mit authentischen Erinnerungen von Roths Bekannten; alle Kapitel sind spannende Lektüre.

**Bronsen, David (Hg.):** *Joseph Roth und die Tradition. Aufsatz- und Materialiensammlung.* Darmstadt: Agora, 1975.

**Evangelische Akademie Baden (Hg.):** *„Die Schwere des Glücks und die Größe der Wunder". Joseph Roth und seine Welt.* Karlsruhe: Ev. Presseverband für Baden, 1994.

**Hackert, Fritz:** *Kulturpessimismus und Erzählform. Studien zu Joseph Roths Leben und Werk.* Bern: Herbert Lang, 1967.

**Hertzberg, Arthur:** *Shalom, Amerika! Die Geschichte der Juden in der Neuen Welt.* München: Knesebeck, 1992 → Ein reichhaltiges Werk über die Juden in Amerika.

**Hödl, Klaus:** *„Vom Shtetl an die Lower East Side". Galizische Juden in New York.* Wien u. a.: Böhlau, 1991.

**Jasper, Willi:** *Deutsch-jüdischer Parnass. Literaturgeschichte eines Mythos.* München: Propyläen, 2004.

*Joseph Roth. 1894–1939. Eine Ausstellung der Deutschen Bibliothek.* Frankfurt a. M.: Buchhändler-Vereinigung, 1979.

**Kessler, Michael und Fritz Hackert (Hg.):** *Joseph Roth. Interpretation – Kritik – Rezeption. Akten des internationalen, interdisziplinären Symposions 1989, Akademie der Diözese Rottenburg–Stuttgart.* Tübingen: Stauffenburg, 1990 → Aspektereiche, zum Teil sehr originelle Arbeiten über Roth.

**Kiefer, Sebastian:** *Braver Junge – gefüllt mit Gift. Joseph Roth und die Ambivalenz.* Stuttgart, Weimar: Metzler, 2001.

**Künzli, Arnold:** *Gotteskrise. Fragen zu Hiob. Lob des Agnostizismus.* Reinbek: Rowohlt, 1998.

**Lunzer, Heinz (Hg. in Zusammenabeit mit Victoria Lunzer-Talos):** *Joseph Roth im Exil in Paris 1933 bis 1939.* Wien: Zirkular, 2008 → Sehr gut gestaltete Dokumentation mit neuen Forschungsergebnissen.

**Lunzer, Heinz und Victoria Lunzer-Talos:** *Joseph Roth. Leben und Werk in Bildern.* Köln: Kiepenheuer & Witsch, 2009 (Neuausgabe, zuerst 1994) → Ein informationsreiches Buch zum Studieren und zum Betrachten.

**Magris, Claudio:** *Der habsburgische Mythos in der modernen österreichischen Literatur.* Wien: Zsolnay, 2000 (zuerst italienisch 1963).

**Magris, Claudio:** *Der ostjüdische Odysseus. Roth zwischen Kaisertum und Golus.* In: Bronsen: *Joseph Roth und die Tradition,* S. 181–226.

**Maier, Johann und Peter Schäfer:** *Kleines Lexikon des Judentums.* Stuttgart: Kath. Bibelwerk, 1981.

**Müller-Funk, Wolfgang:** *Joseph Roth.* München: Beck, 1989.

**Nervik, Astrid C.:** *Identität und kulturelle Vielfalt. Musikalische Bildsprache und Klangfiguren im Werk Joseph Roths.* Hamburg: Kovač, 2002.

**Nürnberger, Helmuth:** *Joseph Roth mit Selbstzeugnissen und Bilddokumenten.* Reinbek: Rowohlt, [12]2010 → Nach wie vor eine exzellente, oft packend formulierte Einführung.

**Obermayer, August:** *„Sätze, labyrinthisch gebaute …". Versuch einer stilgeschichtlichen Ortsbestimmung Joseph Roths.* In: Kessler/Hackert, S. 233–244.

**Reich-Ranicki, Marcel:** *Der Romancier Joseph Roth.* In: Kessler/Hackert, S. 261–268.

**Sigal, Philipp:** *Judentum.* Stuttgart u. a.: Kohlhammer, 1986.

**Steinmann, Esther:** *Von der Würde des Unscheinbaren. Sinnerfahrung bei Joseph Roth.* Tübingen: Niemeyer 1984 → Sorgfältig erarbeitete Studie über Roths Religiosität.

**Wilhelm von Sternburg:** *Joseph Roth. Eine Biographie.* Köln: Kiepenheuer & Witsch, 2009 → Gut recherchiert, auf dem neuesten Stand.

**Trommler, Frank:** *Joseph Roth und die Neue Sachlichkeit.* In: Bronsen: *Joseph Roth und die Tradition,* S. 276–304.

**Wegner, Erika:** *Die Gestaltung innerer Vorgänge in den Dichtungen Joseph Roths.* Dissertation, Bonn, 1964.

**Weinstein, Miriam:** *Jiddisch. Eine Sprache reist um die Welt.* Berlin: Kindler, 2003.

**Zborowski, Mark und Elizabeth Herzog:** *Das Schtetl. Die untergegangene Welt der osteuropäischen Juden.* München: Beck, 1991 → Stellt in vielen Details sehr anschaulich das Ostjudentum vor.

### Speziell zu *Hiob*:

**Berg, Susanne:** *Archaik in der Moderne. Zu Joseph Roths ‚Hiob'-Roman.* In: Der Deutschunterricht 3/1985, S. 102–105.

**Blanke, Hans-Jürgen:** *Joseph Roth: Hiob.* München: Oldenbourg, 1993 (Oldenbourg Interpretationen).

**Hackert, Fritz:** *Zum Gebrauch der Gattung Legende bei Joseph Roth.* In: Evangelische Akademie, S. 109–123.

**Vom Hofe, Gerhard:** *„Reigen aus Mühsal" und „Schwere des Glücks". Joseph Roths Hiob-Deutung.* In: Evangelische Akademie, S. 66–91.

**Horch, Hans Otto:** *Zeitroman, Legende, Palimpsest. Zu Joseph Roths ‚Hiob'-Roman im Kontext deutsch-jüdischer Literaturgeschichte.* In: Germ.-Roman. Monatsschrift 39/1989, S. 210–226.

**Hüppauf, Bernd:** *Joseph Roth: ‚Hiob'. Der Mythos des Skeptikers.* In: Kraske, Bernd M. (Hg.): *Joseph Roth. Werk und Wirkung.* Bonn: Bouvier, 1986, S. 25–51.

**Kuschel, Karl-Josef:** *„Vielleicht hält Gott sich einige Dichter ...". Literarisch-theologische Porträts.* Mainz: Grünewald, 1996, S. 164–202 → Dieser Beitrag wie das ganze Buch gute Überlegungen zum Thema ‚Literatur und Glaube'.

**Oellers, Norbert:** *Literatur der Überredung – Überzeugung durch Poesie. Bemerkungen zu Joseph Roths Roman ‚Hiob'.* In: Kaszyński, Stefan H.: *Galizien – eine literarische Heimat.* Poznań: UAM/AMU Press, 1987, S. 151–161.

**Richter, Matthias:** *Die Sprache jüdischer Figuren in der deutschen Literatur (1750–1933). Studien zu Form und Funktion.* Göttingen: Wallstein, 1995, S. 304–327 → Kluge Studie über das ‚sprachliche Verhalten' der Romanfiguren.

**Ritter, Alexander:** *Über das „Gleichgewicht zwischen der Tischplatte und ihrer künstlichen Verlängerung". Zur kulturkritischen Antithese ‚Amerika' und der Lebensbalance in Joseph Roths ‚Hiob' (1930).* In: *Joseph Roth. Europäisch-jüdischer Schriftsteller und österreichischer Universalist.* Hg. v. Johann Georg Lughofer und Mira Miladinović Zalaznik. Berlin/Boston: de Gruyter, 2011, S. 87–100.

**Rosenfeld, Sidney:** *,Hiob' – Glaube und Heimat im Bild des Raumes.* In: Bronsen: *Joseph Roth und die Tradition,* S. 227–240.

**Schmidjell, Christine:** *Joseph Roth: Hiob.* Stuttgart: Reclam, 2004 (Erläuterungen und Dokumente) → Sehr aussagekräftige Erläuterungen zu den einzelnen Stellen des Romans.

**Schrey, Dieter:** *„Geistige Grundlagen für eine neue Welt". Joseph Roths „Hiob"-Roman in geistes- und kulturgeschichtlichen Kontexten [in 5 Teilen].* http://home.bn-ulm.de/ulschrey/roth → Ausführliche Website mit Interpretationen zu *Hiob* und seinen Beziehungen zur jüdischen Welt.

**Shaked, Gershon:** *Wie jüdisch ist ein jüdisch-deutscher Roman? Über Joseph Roths ,Hiob, Roman eines einfachen Mannes'.* In: Moses, Stéphane und Albrecht Schöne: *Juden in der deutschen Literatur. Ein deutsch-israelisches Symposion.* Frankfurt a. M.: Suhrkamp, 2003, S. 281–292 (zuerst 1986) → Anspruchsvolle und informationsreiche Interpretation von *Hiob.*

**Zimmer, Michael:** *Joseph Roth/Hiob. Interpretationen und Materialien.* Hollfeld: Beyer, 1998.

**Hinweis:**

Für Bibel-Zitate verwenden wir: *Die Bibel oder die ganze Heilige Schrift des Alten und Neuen Testaments.* Nach der deutschen Übersetzung D. Martin Luthers. Stuttgart: Privil. Württ. Bibelanstalt, o. J. (1956). (Das Alte Testament erscheint hier in einer Fassung von 1912.)

**Internet**

(Stand: Nov. 2012)

**www.literaturhaus.at/autoren/R/J-Roth/**

→ Website der ,Internationalen Joseph Roth Gesellschaft', Wien.

**http://home.bn-ulm.de/ulschrey/roth**

→ Neben Dieter Schreys bereits oben genanntem Text *„Geistige Grundlagen für eine neue Welt". Joseph Roths „Hiob"-Roman in geistes- und kulturgeschichtlichen Kontexten* bietet dessen Website weitere Informationen zu *Hiob*.

**www.josephroth.de**

**www.beepworld.de/members/josephroth**

### Verfilmung:

***Hiob.*** Österreich/BRD 1978.

3-teiliger Fernsehfilm (ORF/NDR). Erstausstrahlung in Österreich auf ORF 1978, in Deutschland auf ARD 1979.

Buch und Regie von dem 1927 in Wien geborenen Filmemacher Michael Kehlmann.

In den Hauptrollen Günter Mack und Martha Wallner.

→ Seit 2010 auf DVD (2 Disks; Edition Der Standard, Studio Hoanzl) erhältlich.

### Weiterführende Literatur zur Verfilmung:


*Joseph Roth. 1894–1939. Eine Ausstellung der Deutschen Bibliothek.* Frankfurt a. M.: Buchhändler-Vereinigung, 1979, S. 530–532.

**Willerich-Tocha, Margarete:** *Rezeption als Gedächtnis. Studien zur Wirkung Joseph Roths.* Frankfurt a. M. u. a.: Peter Lang, 1984, S. 275–320.

**Voges, Michael:** *Literatur und Film. Michael Kehlmanns Verfilmung von Joseph Roths Roman ‚Hiob'.* In: Kessler/Hackert, S. 385–394.


### TV-Dokumentationen über Joseph Roth:

*„Ich zeichne das Gesicht der Zeit"* von Susanne Bausch (SDR, 1989).

*Reise nach Brody: Auf den Spuren von Joseph Roth* von Egon Humer (ORF, 1993).

*Das Wichtigste ist das Beobachtete: Joseph Roth (1894–1939)* von Hans Keller (SFB in Kooperation mit Arte, 1994).

### Eine Übersicht zu ‚Roth und der Film' bietet:

http://www.beepworld.de/members/josephroth/filmundcomic.htm (Stand: Nov. 2012)

### Über Roths Interesse am Film berichtet:

**Eckert, Brita:** *Joseph Roth und der Film. Anmerkungen zu Joseph Roths und Leo Mittlers Scenario ‚Der letzte Karneval von Wien'.* In: Kessler/Hackert, S. 99–106.

### Hörspiel:

**Joseph Roth.** ***Hiob.***
Sprecher: Rudolf Wessely, Horst Bollmann u. a.
Regie: Robert Matejka.
Produktion: Mitteldeutscher Rundfunk, 1999.

# STICHWORTVERZEICHNIS

# EIGENE NOTIZEN